U0899358

中国支付结算丛书

支付体系的制度变迁与货币政策

Institutional Change in the Payments System and Monetary Policy

[奥] 斯蒂芬·W. 施密茨(Stefan W. Schmitz)
[英] 杰弗瑞·伍德(Geoffrey Wood) 编

童 牧 韩延明 邱甲贤 梅捷频 文景然 译

责任编辑：黄海清
责任校对：刘　明
责任印制：丁淮宾

图书在版编目（CIP）数据

支付体系的制度变迁与货币政策（Zhifu Tixi de Zhidu Bianqian yu Huobi Zhengce）/［奥］斯蒂芬·W. 施密茨（Stefan W. Schmitz），［英］杰弗瑞·伍德（Geoffrey Wood）编；童牧等译．—北京：中国金融出版社，2017.5
（中国支付结算丛书）
ISBN 978－7－5049－8834－8

Ⅰ. ①支…　Ⅱ. ①斯…②杰…③童…　Ⅲ. ①支付方式—影响—货币政策—研究　Ⅳ. ①F830.73②F820.1

中国版本图书馆 CIP 数据核字（2016）第 315332 号

出版
发行　中国金融出版社

社址　北京市丰台区益泽路 2 号
市场开发部　(010)63266347，63805472，63439533（传真）
网上书店　http://www.chinafph.com
　　　　　(010)63286832，63365686（传真）
读者服务部　(010)66070833，62568380
邮编　100071
经销　新华书店
印刷　保利达印务有限公司
尺寸　169 毫米×239 毫米
印张　14
字数　200 千
版次　2017 年 5 月第 1 版
印次　2017 年 5 月第 1 次印刷
定价　45.00 元
ISBN 978－7－5049－8834－8
如出现印装错误本社负责调换　联系电话（010)63263947

从早期的经济思想开始，货币政策一直是经济研究的核心，而支付体系研究在过去十多年里才开始引起学术界的关注。

《支付体系的制度变迁与货币政策》一书开启了对支付体系制度变迁与货币政策相互影响的研究，考察了支付体系作用于货币政策的不同途径。本书探讨的重要主题包括：

- 分析支付体系制度变迁的概念与方法；
- 支付体系制度变迁的决定因素：政治经济与技术；
- 零售和批发支付体系领域制度变迁的实际经验：政策推动和支付体系中的新技术；
- 支付体系政策变迁对货币政策的影响以及中央银行的应对工具。

本书在概念和方法上为支付体系制度变迁提供了一个易于理解的概述，并详细而深入地评估了其对货币政策的影响。

Stefan W. Schmitz 是奥地利央行的经济学家。

Geoffrey Wood 是伦敦城市大学的经济学教授。

中文版序

尽管使用货币和支付工具完成商品交易有着悠久的历史，但是对支付体系的研究却显得相对年轻。按照国际结算银行（Bank for International Settlement，BIS）的定义，支付体系是为发起、转移中央银行货币或商业银行货币而形成的设施、机构及制度的有机组合。中国人民银行在其按年出版的《中国支付体系发展报告》中将支付体系定义为实现资金转移的制度和技术的有机组合。从外延上看，支付体系主要涵盖了货币制度、支付制度、支付组织、结算账户、支付工具、支付清算系统、支付服务市场以及各类金融交易的清算结算安排等。更进一步，中国人民银行将支付体系分为狭义支付体系和广义支付体系两种。其中，狭义的支付体系主要包括支付服务组织、账户、支付工具、支付清算系统和监督管理等，广义的支付体系还包括存托登记、证券结算、中央对手和交易数据库等市场基础设施。

在漫长的货币经济发展岁月里，支付作为三大金融功能的基础功能，对社会经济影响深刻，其中的主要事件是商业银行和中央银行的出现。从某种意义上讲，正是支付体系的内在需求，催生了商业银行和中央银行的发展。到2016年为止，商业银行仍然是经济社会的主要支付服务供给方，而中央银行则是支付体系的监管人，同时，大部分中央银行还兼负着重要支付系统的运营职能。例如，中国人民银行设有支付结算司，同时中国人民银行还运营着中国现代化支付系统（CNAPS）；美国联邦储备银行设有支付结算处，同时美联储还运营着Fedwire和ACH等重要支付系统；澳大利亚储备银行设有与货币政策委员会同级别的支付体系委员会，同时澳联储还负责运营RITS系统。

长期以来，中央银行、商业银行以及为提高支付效率和安全的各种清算机构，决定着支付市场的主体结构，因此，商业银行的各种支付工具和货币替代创新、清算机构的各种清算机制以及它们与中央银行的关系自然不可避免地与中央银行的货币政策产生紧密的联系。

20 世纪 70 年代，随着美联储 Fedwire 系统和欧洲 Target 系统的运营，各主要发达国家相继建立了实时大额支付系统。为了充分提高大额支付系统的资金效率和安全性，中央银行需要更加灵活的流动性安排，包括日间信贷、质押和隔夜贷款机制等，同时，中央银行也逐渐引入了 DVP、PVP、CCP 等各种结算机制。这些金融市场基础设施的建立，大大改变了支付体系的面貌，也引起了众多经济学家对现代支付体系本身以及其与货币政策之间相互关系的关注和研究。

进入 21 世纪以来，随着信息化和网络化的发展，金融机构、金融市场和金融监管都发生了巨大的变化，而支付结算作为金融领域货币转移的一个基础环节，表现尤为明显。例如：网络银行、Paypal、支付宝、拉卡拉、快钱等各种新兴支付工具发展迅速，网络支付、移动支付等新型支付方式不断涌现，指纹支付、超声波支付、二维码支付等逐渐走入人们的日常生活。这些现象改变了传统货币的使用方式，并对货币发行量、货币流通速度、货币政策传导路径甚至是贷款利率等产生了影响，进而影响了货币政策的制定和效果。这些新的变量已经引起了包括中央银行在内的研究机构的关注，美联储自 2004 年以来，开始举行支付经济学会议，从支付体系的角度来研究上述变革，以补充传统经济学在支付体系研究中的不足。

本书正是基于这一背景的产物。本书的作者们都是长期关注中央银行货币政策以及支付体系发展的权威学者，试图透过上述支付体系变迁中的现象，通过对大量文献的总结和调研，回答如下这些日益引起研究者兴趣的问题，从而对支付体系的变迁路径和其与货币政策的关系给出新的认识。这些问题包括：支付体系的内涵和外延是什么？支付体系如何演进？支付体系变迁的动力是什么？如何给支付体系建模？如何认识各种支付创新对传统货币的冲击？支付体系的发展是否影响货币政策的效果？如何评估新形势下的货币政策等等。本书共选择了8篇文章来讨论上述问题，基本上覆盖了对支付体系和货币政策的认识。有意思的是，本书采用了一种新颖的形式，即第偶数篇的文章是对前一篇文章认识的批判或思辨，形成了前呼后应的效果，使读者有种逐渐拾阶而上登高望远的感觉。本书大部分文章并没有对问题或现象给出清晰的结论，读者可以在本书调查研究的基础之上，结合书中提供的大量参考文献进行更进一步的研究。

自2002年中国人民银行现代化支付系统成功上线以来，中国支付系统的发展取得了重要的进步，包括中国银联、上海清算所、城市商业银行资金清算中心、农信银的建立，中国工商银行等大型国有银行的数据大集中工程，也包括支付宝、微信支付等创新支付手段对电子商务的支撑。但是，应该看到，我们在支付体系和支付经济学方面的研究还存在若干不足。

西南财经大学中国支付体系研究中心是在中国人民银行的大力支持下成立的致力于支付结算学科研究和教学的专门机构，该中心在中国金融出版社的帮助下，从2013年起开始编辑和出版《中国支付结算丛书》，到2016年已经组织翻译出版了《大额支付结算的经济学分析》、《货币支付和流动性》等著作，本书的出版将进一步丰富丛书的内容，希望今后看到更多的关于中国支付体系研究的成果。他山之石可以攻玉，希望本书的出版能够为有志于从事支付结算研究的读者们送去一份精神食粮，能够为他们的研究工作增加一些思路和线索。在本书出版之际，童牧教授请我为本书写序言，虽心中忐忑，但也万分欣慰。希望本书的出版，能对丛书起到添砖加瓦的作用，能够对中国支付体系的研究起到积极的推动作用。

田海山　中国支付体系研究中心副主任
2016年10月于光华园

目　录

0. 引　言[1]

本书展示了支付体系制度变迁与货币政策相互依赖关系的项目研究成果。货币政策从早期经济思想以来就一直处于经济研究的中心，而支付体系研究在过去十多年里才引起学术界的不断关注。[2] 本书对这些目前还相互远离的领域的贡献就在于开启了对支付体系制度变迁与货币政策相互依赖关系的研究（对于该研究领域而言，一个被忽视却具有启发意义的贡献是 John Wheatley 的工作，他在 19 世纪初期就强调了支付体系与货币政策之间的相互联系[3]）。

我们探讨了中央银行试图控制货币体系以确保货币政策的有效实施、金融稳定的维护、支付体系的平滑运作和铸币税的征收（一般认为商业银行应持有部分中央银行货币储备）与商业银行希望节约这些储备之间不可避免的紧张关系。正是这些力量的交互推动了支付体系的制度变迁。那么支付体系制度变迁对货币政策有什么影响呢？为了回答这些问题，本书研究了两个主要问题，其中第一个问题又可分为两个话题，而第二个问题则可分为三个话题。这一划分如下所示：

1. 支付体系的制度变迁
   a）适用于分析支付体系制度变迁的概念框架是什么？
   b）塑造批发以及零售和小额银行间支付系统制度变迁的相关力量是什么？
2. 对货币政策的影响
   a）支付体系的不同制度结构对于货币政策制定与实施的影响是什么？
   b）中央银行可以使用哪些工具来应对支付体系的制度变迁？
   c）在一个不存在中央银行货币的环境中存在着货币政策实施的

不同模式吗？

由来自学术界和中央银行的研究者所组成的团队从不同的互补角度——实证经济学（即经济史）、经济理论、制度经济学和不同的货币政策制度环境（即欧元区、英国和美国）分析了这些话题。

支付体系的制度变迁能从多个渠道影响货币政策。其制度结构对货币市场的功能发挥有影响。该市场可靠和可预测的运行是有效的流动性管理和货币政策实施的前提条件。日间流动性供给（几乎不存在货币政策影响）能溢出到隔夜市场（可能存在货币政策影响）。支付系统能影响中央银行货币需求的稳定性和可预测性，而中央银行货币一般是银行间同业市场的最终结算媒介。

为了评估支付体系制度变迁对货币政策的影响程度，该团队研究了大量的理论问题和经验问题。

- *方法*：研究支付体系制度变迁的合适方法是什么？
- *支付体系制度变迁的主要驱动力*：塑造批发以及零售和小额银行间支付系统制度变迁的相关力量有哪些（如支付体系政策，使新市场、新产品和新治理机制兴起的新技术；金融市场和产品市场的自由化、一体化和相互整合）？
- *支付体系的制度变迁*：支付体系的主要制度特征是什么？出于历史原因[4]以及在纳新创新上的差异，支付体系的制度结构在不同经济环境下表现出很大的多样性。那么支付体系制度变迁的主要标志是什么？许多银行和非银行部门，如移动电信运营商，近年来都通过不同支付手段进入了支付服务供给市场。它们的运营与中央银行有何联系，对货币政策又有何影响？
- *支付体系制度变迁和货币政策*：支付体系制度变迁是如何影响中央银行货币需求的稳定性和可预测性的，是如何影响最终结算媒介的供求量和质量的？如果影响效应已明确，那么中央银行能采取货币政策实施工具来应对这一制度变迁吗？
- *中央银行支付体系政策*：不同中央银行近年来都一改过去倾向延迟净额结算（Deferred Net Settlement，DNS）系统的趋势，而转向了实时全额结算（Real Time Gross Settlement，RTGS）和混合银行间支付系统。那么不同系统及其制度特征（如 RTGS 中日间信贷的可获得性）对于货币政策的制定与实施有什么影响呢？有哪些工具可供中央银行选择来应对支付体系的制度变迁呢？

- *极端情况——无货币世界*：批发以及零售和小额银行间支付系统的最新创新被广泛期望能降低货币需求和增加货币需求的利率敏感性。那么货币需求崩溃到零仅仅是这一演变的极限吗？或者一个“无货币经济”能反映一个不同的大相径庭的内在经济结构吗？研究这一基本制度变迁的合适方法是什么？在一个无中央银行货币的世界上，“货币政策”有存在的价值吗？

下面将试图为本书主体部分的分析提供一个共同的基础。

0.1　分析方法

“支付体系”指的是一个经济体内支付系统和工具的经济范围网。它包括大量单独的支付系统，这些支付系统可被宽泛地划分为两类：批发以及零售和小额银行间支付系统。支付系统被定义为“包括一类特定的支付工具、传输支付报文的技术标准和在系统成员间结算要求权的公认手段，包括使用指定的结算机构”（CPSS，2003：9）。

本书的分析使用了不同但相互补充的方法来探究支付体系制度变迁对货币政策的影响：经济史（Lawrence H. White 以及 Ulrich Bindseil 和 Flemming Würtz）、在 Shubik 对货币经济建模的传统中使用的一般均衡分析（Forrest H. Capie、Dimitrios P. Tsomocos 和 Geoffrey E. Wood）、网络微观经济学（Sujit Chakravorti）、制度经济学（Stefan W. Schmitz）、货币搜索模型（Cornelia Holthausen）与实证微观经济学和制度经济学（Angelo Baglioni）。

本书鼓励分析方法的多样化。不同方法可相互补充，因为它们允许强调不同的概念化、主要驱动力以及制度变迁的潜在方向和影响。

0.2 支付体系制度变迁的主要驱动力

本节将支付体系制度变迁与其主要的相互依赖的驱动力联系起来，这些驱动力可被宽泛地分为两组：政策驱动[5]（如核心原则；单一欧元支付区，欧盟新法律框架；美联储支付系统风险政策修订，美国多个州的货币转账法修正案）与银行以及最终客户的需求转变（前者如最小化准备金持有的机会成本，后者如全球化导致的对跨境支付服务不断增长的需求）。新技术本身很难成为驱动力，更常见的是新技术通过使新产品、新市场和新治理结构的开发成为可能而对制度变迁施加影响。[6] 本节对最重要的政策驱动作了一个简要的总结。

Johnson（1998）描述了中央银行在不进行显性干预的条件下确保支付最终性以降低支付系统结算风险的行为。采取的措施包括限制 DNS 系统中的日间风险暴露、质押化、损失分担协议、减少浮存资金、推行由中央银行运行的 RTGS 系统（如欧洲中央银行的 TARGET 系统、美联储的 Fedwire 以及英格兰银行的 CHAPS）和在 1990 年为私营 DNS 系统建立的 Lamfalussy 标准。

作为针对 DNS 系统的 Lamfalussy 标准的一个扩展，国际清算银行（Bank for International Settlements，BIS）于 2001 年为系统重要性支付系统[7] 制定了《核心原则》（CPSS，2001a）。十条原则中最为重要的是鼓励支付系统具备风险管理流程以在运营者和参与者之间清晰地分配责任，从而在 DNS 系统中最大净借记方违约时能完成结算，鼓励以中央银行货币进行结算，允许公平公开地接入系统和披露相关标准，以及具备有效的因地制宜的治理机制。此外，BIS 赋予中央银行与《核心原则》相关的特定职责。中央银行自身的支付系统应该遵循《核心原则》，应该披露其支付系统目标和政策，并且应该监管系统重要性支付系统遵循《核心原则》的情况。《核心原则》于 2001 年被欧洲中央银行理事会所采纳，并于 2003 年被纳入零售支付系统监管标准。[8] 其还于 2004 年被纳入美联储支付系统风险政策之中。[9]

由于对跨境支付不断增长的需求和随之而来的政策推动，预计欧盟的零售支付系统在接下来的十多年里将出现持续的制度变迁。尽管在1999年和2002年引入了共同货币，但内部市场中国家零售支付设施的相互交叉部分依然是无效率的，在不同国家市场间价差高，跨境支付相对于国内支付而言依然是高成本的。作为回应，欧洲理事会于2001年启动了单一欧元支付区（Single Euro Payment Area，SEPA）倡议，以推动在2010年底之前建立一体化的欧元区零售支付设施。该倡议于2002年7月1日生效后，SEPA要求针对金额在12 500欧元内的内部市场欧元跨境电子支付征收费用（2005年后改为50 000欧元），这与欧元国内支付收费相同（监管规则（欧洲理事会）号2560/2001）。针对内部市场内的欧元跨境贷记支付也有类似要求（于2003年7月1日生效）。此监管规则鼓励通过使用国际银行账号（International Bank Account Number，IBAN）和银行标识码（Bank Identifier Code，BIC）来实现标准化和直通处理（Straight Through Processing，STP），以降低跨境贷记转账成本。银行业成立了欧洲支付理事会（European Payments Council，EPC）以指导和实施SEPA计划。第一个泛欧自动清算所于2003年开始运行。EPC于2003年引入了泛欧贷记转账工具（Credeuro），并于2007年推出泛欧直接借记工具（Pan - European Direct Debit Instrument，PEDD）。针对卡基支付实施统一费用的建议应于2006年实施。客户向SEPA的全部迁移预计于2010年前完成。ECB扮演了一个催化的角色，但明确表示如果银行从SEPA进程回撤则会采取监管措施。欧洲银行业协会（European Banking Association，EBA）运营的第一个泛欧自动清算所（Pan European Automated Clearing House，PEACH）被称为STEP 2，作为零售支付的基础设施受到该规则的监管。

欧盟监管支付服务的法律框架是基于欧盟立法和国内法的。为了消除法律障碍实现一体化的欧洲支付基础设施，并作为理事会金融服务行动计划（Financial Services Action Plan，FSAP）的一部分，欧洲理事会针对内部市场支付提出了一个新法律框架（New Legal Framework，NLF）。其意图是评估和整合共同体立法并协调欧盟各国的立法。[10]其目标是降低障碍以使新的支付服务供给商得以进入市场，减少与25个不同司法环境打交道时的合规成本和法律的不确定性，以及增加单一市场内支付的质量和效率。NLF的基本原则是支付服务供给商应该面对与所涉风险相对应的审慎监管要求，所有市场参与者应该拥有相同的经营环境以及恰当的消费者保护（如信息要求，支付指令的可撤销性，未执行、错误执行或未授权交易的责任）应该在欧盟范围内推广。支付委员会应该推动欧盟法律实施的一致性。该委员会由支付体系监管领域的各国政府代表组成。NLF覆盖了单一市场内所有由现钞、硬币和支票替代物（如贷记转账、直接借记、银行卡以及电子支付）等支付工具发起的支付。ECB深深地介入NLF相关的立法进程和政治进程（如同在电子货币指引2000/46/EC案例中一样）。

由于欧洲各国支付设施预期的相互整合与一体化，SEPA倡议和新法律框架的实施在2010年之后可能依然是推动欧洲支付系统制度变迁的力量。

在美国，支付服务法律框架的分割依然很突出。除了电子资金转账法（1978）、货币控制法（1980）、联邦储备监管条例E和美联储支付系统风险政策等联邦监管规定以外，各州采纳的物权法和货币转账法也应用于某些支付服务和工具。国会统一州法委员会于2000年提出了单一货币服务法案。其目标是为各州提供协调不同货币服务业务监管框架的手段并降低合规成本。其允许各州补充和修订该法案或者完全不采纳该法案。对大量法律要求的理解和遵守依然是美国支付服务供给商的一个巨大障碍。

监管支付体系的主要法律框架处于各立法机构的竞争之中。然而，中央银行通过在国际层面的规则起草（如《核心原则》）以及为政府和立法机构提供咨询而在立法进程（如NLF、电子货币指引2000/46/EC）中施加了很大的影响。而且，欧盟和美国的法律框架将支付体系监督管理的大量监管裁量权移交给了中央银行（如最小准备金要求、报告要求、欧洲中央银行最低标准、监管条例E）。

0.3　支付体系中的制度变迁

支付体系的核心制度特征在于支付系统中的最终结算媒介[11]及其与经济中一般可接受交易媒介以及清结算机构特征的联系。一般可接受交易媒介是经济中具有最大流动性的商品，其具有最高的市场可交易性以及由此带来的最低的交易价差。其附带的次要功能是记账单位功能，因为它就是蕴涵了记账单位的商品。其还作为最终结算工具，因为它是唯一不是对未来资源的直接或间接要求权并在银行间支付系统中确保结算最终性（在经济意义上而非法律意义上）的媒介。它还是支付手段，但并不是所有支付手段（如支票、借记卡和贷记卡、电子货币）都是一般可接受交易媒介。尽管如此，某些特殊的支付手段（如电子黄金）通常是以一般可接受交易媒介计价和赎回的。[12]

清结算机构（包括作为一般最终结算机构的中央银行）的特征包括访问其账户的条件、获得信贷便利的条件和清算结算流程的特征（如具有或不具有日间信贷的 RTGS、DNS 系统、混合系统）。此外，支付系统运行的周边制度环境也很重要：银行间货币市场的发展状况和参与者资金管理的复杂程度。同样，货币政策实施的某些特征对支付体系制度特征也存在反向影响。在此方面，准备金持有体系尤其相关（如平均最低资本金要求、平均周期、其与中央银行再融资操作间隔的关系、将最低准备金用于结算的可能性）。

这些特征可以通过一些重要方式相互关联起来。一般可接受交易媒介与最终结算媒介之间的关系，以及清结算机构与一般可接受交易媒介发行者之间的关系，都会影响支付系统的信用风险和流动性风险。如果最终结算媒介不是一般可接受交易媒介，将最终结算媒介转换为一般可接受交易媒介的潜在需求就会对支付系统参与者造成流动性风险，因为一般可接受交易媒介被定义为相关市场上具有最大流动性的资产。如果清结算机构不是一般可接受交易媒介的发行者，持有足够准备金就会存在正的机会成本，其在原则上就会破产，从而给参与者带来信用风险和流动性风险。但是，在历史上我们没有发现清结算机构破产的证据。

对于货币政策实施而言，中央银行对于一般可接受交易媒介发行的涉足及其在支付体系中的角色都是至关重要的。如果中央银行作为清结算机构，那么清结算机构账户[13]和信贷准入的作用就会对货币政策实施带来风险，因为日间信贷可能向隔夜货币市场溢出。如果清结算机构也执行针对参与机构的监管功能，潜在的范围经济就会由于信息优势而形成。在历史上，私有清结算机构也曾作为监管机构，且常作为参与机构的半监督管理者。[14]如果清结算机构也作为一般可接受交易媒介的发行者，最终贷款人功能就能以更低的边际成本实现。通常认为一般可接受交易媒介发行者的货币政策目标会带来利益冲突，但这并不是不可避免的问题。[15]

制度特征影响着支付市场的运行特征，如其效率（如通过周转率（日间储备在支付系统中的周转频率）、浮存规模（在任意时刻处理的而不是基于发送方或接收方抉择的资金价值）或执行时间［执行一笔支付指令所需的时间）来测度］、稳定性和可靠性（抗压能力）、支付流的集中性、支付系统间竞争的性质的强度、接入支付系统和获取日间信贷的成本结构和水平、支付系统的分层水平等。下面将描述我们认为在当前批发以及零售和小额银行间支付系统制度变迁中最为重要的方面：

0.3.1 批发支付系统

支付结算系统委员会（CPSS，2003）指出，自由化、全球化和一体化极大地增加了国家批发（大额）支付系统的处理量，从而也提高了其对系统稳定性潜在威胁的警觉。将大额支付系统设计为 DNS 系统会带来显著的外部效应，从而为公共干预带来合理性的理论假说受到了 Selgin（2005）的质疑。Selgin 认为，这些论断反映了对大额支付系统功能的误解，最近的变革[16]有其他的动机（如铸币税）。（由于 CPSS 是由中央银行代表组成的，因此其并不热衷于将压缩铸币税收入作为改革动力。）但无论如何，支付系统的设计经历了显著的变化。推广 RTGS 的意图是增加银行间大额支付系统的安全性。这些系统使证券结算中的券款对付

(Delivery Versus Payment, DVP)、外汇结算中的同步交割(Payment Versus Payment, PVP)得以发展起来,其中也包括持续连接结算(Continuous Linked Settlement, CLS)这一特殊形式。双边日间支付债务在DNS系统中更难以管理,因为其对于大多数参与者而言在日终清算之前在很大程度上都是不可见的。双边日间债务是由支付报文发送和日终结算之间的时滞造成的。最终结算依赖于当日录入的所有支付指令的完成。因此,不能认为结算对于参与者而言就是最终的,即使该参与者没有针对非流动性方的双边要求权。

Fry(1999)发表报告称,未受保护的DNS系统在全球大额支付市场中直到20世纪80年代末都占据主导地位,而且相关风险在很大程度上被忽略了。Lamfalussy报告(BIS, 1990)针对跨境DNS系统提出了"核心原则"以抑制风险,尤其强调这些系统应该在最大净借记方违约时依然能进行结算。然而,DNS系统参与者必须遵守最低信用水平,这反过来必须受到其他参与者或系统运行者的监控,从而限制了直接参与者的数量。RTGS的参与者数量一般都远远超过DNS系统的直接参与者数量。2001年,CPSS(2001a)对系统重要性支付系统采纳了《核心原则》,其鼓励清结算机构以中央银行货币进行结算。欧元区的所有大额支付系统都是通过中央银行货币进行结算的。[17]在欧盟,批发货币市场是唯一被有效整合的金融市场。[18]于1999年建立的欧洲大额支付系统TARGET(Trans - European Automated Real - Time Gross Settlement Express Transfer,泛欧自动化实时全额结算快速转账系统)为这一整合从而为欧洲中央银行在整个欧元区有效实施货币政策奠定了基础。TARGET是一个连接欧洲中央银行支付机制(ECB Payment Mechanism, EPM)内15个单独大额支付系统的非集中式系统。在TARGET内各个单独的中央银行成员中,技术架构、提供的服务和定价结构都存在很大程度的差异。欧洲金融体系的一体化和整合以及欧盟的扩容都导致了对(很大程度上)协调的支付服务、更为成本有效的基础设施和单一定价结构需求的不断增长。TARGET2旨在通过实施单一共享平台(Single Shared Platform, SSP)为欧洲中央银行大额支付系统的所有中央银行成员在2007

年前提供这些服务。[19]日间信贷供给以及对中央银行账户的准入依然属于各个中央银行的职责范围。

McAndrews 和 Trundle（2001）认为，即使是在受保护的 DNS 系统中，剩余风险和相关成本依然导致所有欧盟国家和十国集团国家在 20 世纪 90 年代采纳了 RTGS。RTGS 更高的流动性成本也同样导致了混合系统的兴起。他们区分了两种主要的混合系统类型——连续净额结算（Continuous Net Settlement，CNS）和队列增强型 RTGS。前者由 DNS 系统演化而来。参与者在系统运营方处持有部分流动性并在全天录入支付指令。这些指令被排队，即在算法确认这些指令能被轧差且任何一个参与者的净头寸不会超过其可用流动性余额前不会被执行。该算法在全天频繁执行，从而只要一组支付遵循相关轧差要求，结算就会发生。从技术上看，该系统依然是一个 DNS 系统，但净额结算发生频率很高使得许多支付都是被实时高效结算的。与 DNS 系统中结算的相互依赖性相关的结算风险由于结算周期的缩短而得以下降。

队列增强型 RTGS 是一个重要的 RTGS 类型。支付指令被排队，如果可用流动性不足，那么算法将基于双边甚至多边搜索轧差指令。一旦一对或一组指令满足相关标准，它们就会被全额结算。在法律和技术上，该系统都是一个全额结算系统。CNS 和队列增强型 RTGS 实现的流动性节约是以等待一对或一组满足相关标准的支付而造成的（潜在）结算延迟为代价的。通常结算在一天内频繁发生，从而延迟非常短。

CNS 和队列增强型 RTGS 的集中排队机制都要求有复杂的、可靠的和成本高效的 ICT 架构。这构成了技术进步在推动支付体系制度变迁中发挥作用的基础。McAndrews 和 Trundle（2001）认为，相关投资和运营成本可能会超过流动性节约带来的收益。这意味着，当日间信贷成本很低、支付流高度集中在少量参与者之间从而更易于对支付指令进行协调时，复杂的集中排队机制对于支付系统而言就将缺乏吸引力。Fry（1999）强调，拥有少量大规模参与者的 DNS 系统会存在道德风险问题，这应该被考虑在 DNS 系统的成本分析之中。参与者有动机在交易对手风险的共同监督方面投资不足，因为他们可以依赖中央银行的最后贷款人功能来救助大型参与者，后者（可能错误地）被认为“大而不倒”。CNS 和 RTGS 的采纳消除了这一道德风险，因为交易对手风险被降低了。

在 RTGS 中，单个参与者能通过在全天延迟支付来减少其周转余额。通过在收到足够资金后再登录支付指令，他们能利用来账支付结算支付指令，从而节约流动性成本。这一激励结构导致了支付延迟以及并非所有支付都能在当天完成的潜在风险。市场参与者能通过合作机制来解决这一问题。McAndrews 和 Trundle（2001）区别了事前机制（如参与者为单个交易对手设置净支付限额；根据来账支付释放支付的内部队列）和事后机制［如带事后合规监督的行为规则，比如欧洲银行联合会（Federation Bancaire de lúnion Europeene，FBE）的流动性管理指引］。此外，系统运营者能通过集中排队机制为协调问题的解决做出贡献，因为轧差和对冲匹配的概率是随着特定批次中支付指令数量的增加而增加的。

在 RTGS 中，日间信贷通常由清算机构（常为中央银行）明确提供，这使得清算机构而不是其他参与者面临着相关风险。一方面，信用风险暴露的集中和更好的信息可利用性强化了支付系统中的信用风险管理。另一方面，对结算准备金或中央银行日间信贷的需求增加了，这使得支付系统变得更为依赖中央银行货币（不管是以日间信贷形式还是以在中央银行的结算准备金形式）。McAndrews 和 Trundle（2001）认为，混合系统的演进构成了在中央银行对稳定性的渴望和市场对效率的需求之间的抉择。

CPSS（2003）报告了在所选大额支付系统中关于层级程度的经验证据。[20]在所分析的 29 个支付系统中有 17 个具有高度的分层结构（即少于 25% 的国内银行是直接参与者），有 6 个具有一般的分层结构（即25% ~ 75% 的国内银行是直接参与者），有 6 个具有较低的分层结构（即多于 75% 的国内银行是直接参与者）。[21]只有 22 个支付系统提供了以支付处理额度量的集中化程度数据。在其中 7 个支付系统中，最大的 5 个参与者占据了超过 75% 的支付总金额。[22]2002 年的数据表明，中央银行的银行准备金在欧元区（狭义货币的 5.7%）、英国（狭义货币的 0.3%）和美国（狭义货币的 1.7%）间差别很大，这主要是由于不同的最低准备金要求（Minimum Reserve Requirements，MRR）和分层结构。后者在狭义货币中的银行间存款份额上表现得更为明显，其从美国的仅有2.9%到欧元区的21.6%再到英国的51.3%。[23]在某些大额支付系统中，直接参与者的份额高达100%（美国的Fedwire），而在英国的CHAPS英镑系统中则仅为0.05%。在欧洲中央银行的TARGET中，该比例为45%。

支付风险委员会（PRC，2003）研究了应对支付服务国际化和在国际层面降低流动性成本的不同选项。它建议开发新的日间流动性服务，包括日间实时回购、跨境质押资金池便利、日间质押和货币互换。它还要求中央银行接受在国外市场交易并以外币计价的证券作为日间流动性增强操作中的质押品。中央银行能通过放开国外参与者对其国内RTGS、中央银行账户和日间信贷的远程访问与多币种便利来提高国际大额支付的效率。此决策类似于在由于中央银行的参与而不断降低的结算风险和增强的静态效率所带来的感知收益与由于货币政策实施（如由于向国外参与者提供日间信贷而在隔夜准备金总供给控制方面的潜在难题）和公共干预（如市场进入障碍和创新障碍，以及国际支付服务市场动态效率的降低）使风险增加所带来的感知成本之间的抉择。

0.3.2 零售和小额银行间支付系统

零售和小额银行间支付系统（SVPS）的效率和可靠性会影响消费者对金融体系，特别是对中央银行和通货的信心。因此，中央银行通常会参与到支付系统的运行和/或监管中。但是，其影响是多样的。某些中央银行具有运营职能，而其他则仅有监管功能，并成为市场发展的催化剂。[24]

CPSS（2002）总结了SVPS在十国集团国家和澳大利亚的最新发展趋势：

- 从现金和纸质工具（即纸质支票）向非现金电子支付方式（基于卡——信用卡和借记卡，以及基于账户——直接借记和贷记转账）的转变。
- 由于基于共同数据协议的支付流程的互操作性的增强，直通处理（STP）的不断增加。

- 在新支付方式方面（电子货币和移动支付）和通道产品领域（ATM 提供诸如重载预付费移动电话卡等额外服务；互联网银行业务），产品创新的不断发展。新产品通常在欧盟要受到某些监管条例的监管（即电子货币指引或银行业务指引），而在美国各州间的监管力度差异很大。
- 尽管银行依然是支付体系的主要参与者，但新进入者（如市场移动电话公司、电信运营商、网络刮刮卡公司）通常都特别具备创新性，且在新支付工具领域（如电子货币、电子账单出示与支付）更为活跃。新的市场进入者在欧盟一般要受到某种形式的监管（如电子货币指令、银行业务指引以及未来的新法律框架），而在美国各州间的监管力度差异则很大。

波士顿咨询公司（Boston Consulting Group，BCG，2003）预期欧洲的非现金支付份额将从 2003 年的 42% 增长到 2010 年的 57%。在美国，该份额预期将稳定在 85%。这与欧洲 6% 和美国 5.5% 的年度增长率是相对应的。非现金支付的构成正转向电子支付。美联储（Federal Reserve System，2004a）估计非现金支付量的年增长率将从 3.1%（1979—2000 年）加速到 3.8%（2000—2003 年）。2003 年，电子非现金支付量（非现金支付的 55%）首次超过支票量（非现金支付的 45%）。纸质支票的处理量在 2000 年至 2003 年由于支票支付在销售端的电子化和电子支付工具对支票的替代而下降。

红皮书（Red Book）和蓝皮书（Blue Book）提供了从 1998 年到 2002 年欧元区、英国和美国非现金支付工具的发展数据。在这所有三个区域，支票交易量都下降了，而所有其他非现金工具（贷记/借记卡、贷记转账和直接借记、电子货币）的交易量都在上升。2002 年，在所有三个经济体中，非现金电子工具的总交易量都显著超过了支票交易量。在此期间，居民借记卡/贷记卡人均拥有量以及欧元区电子货币的使用量都显著增长。信用转账和直接借记的使用在美国增长迅速，而在欧元区和英国仅小幅增长，因为在后两者中其使用率已经相当高了。按交易量计算的非现金工具的相对重要性表明，美国最为依赖支票和贷记/借记卡，而欧元区主要使用基于账户的工具（贷记转账和直接借记）。基于交易额的相对重要性数据表明，直接转账在所有三个经济体的大额零售支付中都占据了最为重要的地位。2002 年，美国的每百万居民 ATM 数要远高于欧元区和英国。英国和美国的 ATM 交易量几乎是欧元区的两倍。欧元区的电子货币卡和终端数据显示出从较低水平的持续增长。2002 年，欧元区大约发行了 2200 万张电子货币卡，其平均花费为 37 欧元。总的来说，不同功能卡（贷记、借记、现金、电子货币、支票担保）的分布在三个经济体中非常不均匀。对于欧元区、英国和美国零售支付系统的数据分析表明存在显著的制度多样性。

Humphrey 等（1996）认为，支付服务的定价通过塑造需求变化而对支付体系制度变迁的方向有很强影响。这一点在谈到其他支付工具（如电子货币）的（缓慢）扩散时常被强调。其他影响经济的因素大部分也对支付体系有影响（如欧元的引入）。

基于账户（如直接借记和贷记转账）和基于卡的支付流程在一些重要方面存在不同：基于账户的交易要花费账户持有者的成本（每笔交易的费用或者账户的总操作费用），而卡基产品的单位交易费用由商户支付。[25]基于账户的交易通常由国家自动清算所（National Automated Clearing House，NACH）进行清算和结算。

CPSS（2000）认为，零售和小额银行间结算与清算的组织结构在十国集团国家间存在显著差异，尽管可用的技术是类似的。在某些国家，清算流程的规则制定功能和运营功能是结合在一起的，而在其他国家两者是相互分离的。这些国家零售和小额银行间结算与清算的市场结构也同样存在显著差异。在某些国家，纸质支付和电子支付有相同的清算安排，而在其他国家存在两个相互分离的机制，甚至还有一些国家存在超过 100 种清算安排。在许多国家，只有私人实体（常为银行协会、金融机构集团）提供清算服务，而在其他一些国家，中央银行服务与私人供给商共存。在多边清算之后，结算一般通过在中央银行持有的账户于日末进行。结算系统通常由中央银行运营。

在所有欧洲国家（除了奥地利、芬兰和俄罗斯）和美国，小额支付系统中的 NACH 是以 DNS 系统运行的。NACH 作为基础设施在后台运行，对客户是不可见的。在欧洲，中央银行主动参与到 NACH 的运营中，其中不少都由中央银行或者中央银行部分所有的公司拥有并运营。在美国，美联储运营其自身的 FedACH 系统，而大量私人竞争者正在减少。卡基交易通常由私人品牌网络清算和结算。网络的可见性对于运营公司而言是一个核心的战略问题。清算和结算一般基于私人清结算机构的账簿进行。纸质支票的份额随着非现金支付的电子化、直通处理和互操作化的增加而显著下降。[26]这一变化的结果是安全性得以增加，操作风险得以下降，结算时滞得以减少，国际清算银行（CPSS，2002）曾发布过相关报告。

泛欧清算所（Pan European Clearing Houses，PEACHs）作为对 SEPA 倡议导致的跨境交易价格压力增加的行业反应而得以建立。由于较少的交易量、更为复杂的技术要求和更为严格的准入标准，跨境支付依然比国内支付要昂贵。目前，大部分跨境支付都是通过代理银行关系进行处理的。这增加了监管成本，使风险管理和资金管理变得更为复杂。为了应对这些不利之处，欧洲银行发展起联合体（如欧洲银行业协会 EBA）和合资企业。跨境兼并收购带来了更多更为廉价的各种内部跨境支付服务。此外，货币汇兑机构提供了跨境货币转账服务并遍布各地。卡基交易主要用于旅游业的跨境支付和远程销售（即电子商务）。

信息和通信技术的进步、支付体系中规模经济和范围经济的作用以及政治压力可能推动了欧洲小额支付体系市场的整合与集中化。整合与集中化通过不同路径影响了支付体系的效率和稳定性。BIS 估计竞争将增强市场参与者的创新能力和效率。[27]此外，一个分割的市场会留下部分未被利用的潜在规模经济和范围经济，并可能由于存在不同的流程标准和技术标准而增加操作风险，由于针对不同市场参与者的法律安排或监管供给上存在差异而放大法律风险。市场参与者之间的合作在某种程度上是必要的，因为共同的技术标准和互操作性会提高支付系统的效率。“竞合”（竞争者在特定领域的合作，如开发共同标准，但在投入品和产出品市场上相互竞争）为竞争政策带来的挑战，这些问题并不是支付市场所独有的。

在美国，1913 年成立的联邦储备体系的特定目标就是通过建立全国支票清算系统来避免支付体系的崩溃。立法动机就在于支付体系的崩溃被认为是导致 1907 年金融危机的一个原因。Lacker、Walker 和 Weinberg（1999）对美联储在支票清算中的主导地位是由于 20 世纪初期主要系统存在明显的无效率这一观点提出了挑战。在 1915 年启动的“自愿互惠计划”没能吸引到关键数量的成员银行参与美联储的支票清算业务之后，国会于 1917 年授权美联储禁止商业银行对美联储收取支票提示费。仅在美联储获得按平价邮寄的独有权力之后（法律授权），其才获得竞争优势和相应的市场份额。根据 Lacker、Walker 和 Weinberg（1999）的论述，其潜在动机在于吸引成员加入联邦储备体系。

美联储自成立以来就在小额支付系统市场上获得的优势地位催生了 1980 年《货币控制法案》，后者旨在限制美联储的定价政策以在美联储与潜在的私人竞争者之间建立一个公平环境，从而在小额支付系统市场上鼓励私人竞争。为了推动支票清算的效率，美联储在 1987 年《加速资金到位法》中针对非其自身处理的支票获得了更多的监管权。1996 年的《债务催收改进法》促进了 ACH 使用的增长。它要求联邦政府在 1999 年之前实现大多数支付的电子化处理。对小型储蓄机构和社区银行服务可用性的顾虑导致里夫林委员会于 1998 年得出结论，认为美联储应该继续运营其 FedACH 服务，并推动商业化 ACH 供给商之间的竞争，通过加强服务来促进市场增长。[28]因此，美联储在美国支票征收和 ACH 市场上的主导地位主要依赖于政治经济因素，而不是技术创新。

创新和新的市场参与者都提出了包括中央银行结算和准入政策在内的当前法律和监管框架是否恰当的问题。支付体系在传统上主要依赖于商业银行。尽管支付体系的制度变迁导致传统金融领域的边界变得模糊，但银行依然在批发支付系统中占据主导地位。零售支付系统中的大量产品创新提高了非银行部门在小额交易中的地位。尽管非银行部门在支付处理中的主动参与在美国和欧洲都有长期的历史（如邮政汇款），但诸如智能卡和在线借记卡等当前创新的不断推广依然带来了许多有趣的问题。堪萨斯联邦储备银行[29]和英格兰银行[30]分别研究了其中的部分问题。他们展示了非银行部门参与大量支付活动，但很少涉足结算活动的证据，因为后者主要是通过银行体系进行的，这限制了非银行部门参与到支付系统中带来的对系统性风险的潜在顾虑和对货币政策效率的影响。在欧盟，欧洲中央银行成功地利用了其对电子货币指引 2000/46/EC 立法进程的影响，并坚持加入可赎回性要求，后者强化了电子货币体系与作为一般可接受交易媒介、最终结算媒介和统一记账单位的欧元之间的联系。类似地，欧洲中央银行积极参与到形成新法律框架（NFL）的立法进程中，后者将同样涵盖非传统银行的支付服务供给商。

与跨境经济活动的增加相同，跨境小额银行间支付需求的增加也得益于欧洲一体化进程。这将影响欧洲市场的结构。跨境市场的主要参与者（PEACHs）也会吸引国内支付，尽管在一体化进程初期他们并没有为国内支付提供有竞争力的价格和质量。另外，扩展到跨境市场的大型 NACH 也会涉足 PEACHs。一个一体化跨境支付市场的出现将会对国内市场增加整合压力。但是，市场依然是按国家分割的，而且过去对国内支付体系设施的投资推动了延迟一体化的趋势，这些投资还没有被完全折旧。这使得从国内向一体化小额银行间支付系统的转换，在未来市场结构存在显著不确定性的环境下会导致高额投资。由于 PEACHs 比起 NACHs 有更为严格的技术要求，直接参与者有更高的固定成本，因此那些拥有较低跨境交易量的银行会发现通过一个更大的国内枢纽实现间接参与要更为有效。这些枢纽机构可以是各自的中央银行或者一家国内商业银行。欧盟的大多数小额银行间支付系统存在一定程度的分层结构，其中一些分层程度还很高，间接参与者数量要远远大于直接参与者数量。欧盟的所有系统重要性支付系统都是用中央银行货币进行结算的。[31]但用中央银行货币结算只发生在直接参与者的清算余额上。尽管非直接参与者的支付指令也会被结算，但它们在结算后通常只获得商业银行货币。

制度变迁影响着银行间小额支付系统中在直接和间接参与者之间的选择。不断扩散的抵押要求和不断提高的技术复杂度都增加了直接参与者的成本。信息通信技术的进步和交易量的提高降低了直接和间接参与者运营和接入支付系统的边际成本。对直接和间接参与者相对成本的影响依然是模糊不清和难下定论的。[32]对于大规模往来银行和“准系统”而言，小型支付系统参与者以其自身账户进行结算会在层级系统中导致对稳定性的顾虑。Ferguson 报告（十国集团，2001）将“准系统”定义为作为非正式的清结算机构的金融机构，它们通过自身账户对整个支付流中相对确定的大额支付进行清算和结算。分层在支付系统中很普遍，通常是由中央银行账户准入政策导致的。[33]特别是在代理行系统中，少数银行会发展成为往来银行。许多小规模银行在往来银行持有账户，并通过其账户进行结算。因此，将支付系统监管扩展到这些银行是必要的。

同样由非银行带来的流程创新（如电子化、直通处理）、产品创新（如移动电话公司提供的移动支付）以及制度创新（如层级结构的增加和新的市场，例如一体化的欧洲支付市场 PEACHs 和持续连接结算 CLS）的涌现都被认为会导致效率的提高并在相关市场上降低既定金额支付对中央银行货币的需求。

在支付系统的长期演进过程中，最为重要的制度变迁之一就是中央银行的创建（从 1668 年瑞典中央银行和 1913 年美联储体系的创建到 1994 年欧洲货币当局与 1998 年欧洲中央银行的创建），这完全是出于政治经济考虑，而不是技术创新带来的结果。类似地，从 1914 年美联储现钞的流通到 2001 年欧元现钞的流通，共同通货的建立是基于普及的技术，但出现的众多制度创新是基于政治经济逻辑。

对最近发展的分析指出，中央银行和商业银行以及最终客户对支付体系中最优风险/成本抉择的偏好差异很大。支付体系的制度创新是由中央银行和商业银行（以及最终客户）的利益及其各自权力资源之间的政治经济互动所驱动的，而不是由技术创新驱动的。[34]新技术就其自身而言并不是推动力，它们是通过改变支付体系特定制度安排的激励结构与成本结构而作为开发新产品、新市场和新治理结构的工具，从而对制度变迁施加影响的。

我们将技术概念化为将投入品（如劳动、资本）转换为产出品（如清算和结算等支付服务）的生产技术。这一概念中，技术不仅指硬件和软件（如计算机和通信设施），也包括支付服务生产中的组织结构、规则和流程。[35]通用技术，如信息和通信技术，相对于推动支付体系制度变迁的政治经济力量而言可被看做是外生的，但这对于更为特殊的支付技术而言则并不成立。后者对于制度变迁进程而言是内生的，因为它们受到支付体系参与者研发努力的影响。支付技术依赖互补性创新而变得更富成效。首先，互补性创新在企业层面是必需的：新支付技术的采纳使得单个支付机构层面在诸如组织结构、内部治理机制和风险管理模型以及技能方面的调适成为必要。企业层面的新支付技术采纳通常是由商业银行及其客户最小化其中央银行准备金持有成本的愿望所驱动的。其次，支付体系层面的互补性创新可能也是必不可少的，并涉及政治决策，包括支付体系治理结构（如对新支付机构和技术的监督管理）以及一般法律框架（如支付体系中的隐私保护和责任问题）等制度创新。互补性创新也涉及诸如支付工具用户信用历史监控等私人机构（信用征信商）的互补性首创。特殊支付技术及其互补制度（在很大程度上）对于推动支付体系制度变迁的政治经济力量而言是内生的。因此，“技术推动了某个支付工具的采纳”这一说法是对支付技术概念过于简单的表述，它错误地认为支付技术外生于支付行业，低估了对使新支付技术变得更富成效的互补制度的需求以及在企业层面采纳新支付技术的复杂性。

Humphrey、Sato、Tsurumi 和 Vesala（1996）描述了欧洲、日本和美国支付体系的长期演进。作者将贷记转账在欧洲占主导的原因解释为银行业的集中、全国范围网络的存在和银行间的竞争。贷记转账在欧洲相对较早的兴起（尽管银行服务越过商户和富人向一般公众的拓展相对较晚）归因于邮政汇款服务在整个欧洲的发展。它导致其他信用机构为竞争储户而提供类似支付服务。对于日本，作者认为更低的犯罪率是导致相对于美国而言其销售端更依赖现金的主要原因。日本支付体系的演变主要受到政治［如 1868 年后政府推动发展现代银行体系；1943 年全国集中式国内交易结算系统（NCDE）作为小额支付系统由日本银行（BOJ）开始运营］和需求（如银行业协调倡议导致 ZENGIN 系统在 1973 年替代了 NCDE）的推动。在美国，银行业服务较早地提供给一般公众。但由于监管限制（如分支行限制以及所导致的低集中度、美联储的后期参与和支票清算的补贴，支票系统比起贷记转账系统更具有成本效率。[36]支付体系在欧洲、日本和美国的长期演进支持了关于制度和政治经济因素在塑造支付体系方面相对于技术创新而言更具主导地位的论断。

整体支付体系的制度结构和组织结构在不同时间和不同经济体内存在很大差异。但它们都具有共同特征，即中央银行货币作为一般可接受媒介和记账单位，而且所有经济相关的支付系统都最终通过银行体系与中央银行货币联系起来。尽管支付体系出现了一些令人瞩目的创新，但一个没有中央银行货币的世界还遥遥无期。不管怎样，对于政策制定者和学者而言，研究这些演变的影响是很重要的，即使它在眼下并不可能发生。

0.4 支付体系中的制度变迁与货币政策

货币政策形成、制定与实施是在经济支付系统成为一个整体的制度环境中发生的。原则上，中央银行通过操作短期利率即银行间市场上的隔夜利率来实施货币政策。尽管相对于整个交易量来说，中央银行回购操作的规模较小，但其影响足以扰动市场。这主要是因为其能以零边际成本发行一般可接受交易媒介。但中央银行有其他工具可选择，能通过实施结构化流动性赤字来提高其对货币市场的控制。中央银行能通过最低准备金要求（MRR）、现钞发行的法律限制以及（在某些国家的）“道德劝告”来影响对其自身负债的需求。货币政策实施的主要工具是公开市场操作（OMO）、最低准备金要求（MRR）和常备便利（贷款和存款便利）。如今，中央银行也定期公布其货币政策实施的主要操作目标水平。这些工具可以改变以应对支付体系的制度变迁。但它们依然对支付体系的制度特征有影响，从而能被中央银行用于主动塑造支付体系的制度变迁。[37]

支付体系制度特征对货币政策的影响可用三个维度来刻画。

第一，支付体系的制度变迁影响对中央银行货币的需求及其结构、可预测性、流通速度和对中央银行工具的敏感性（如中央银行货币需求的利率弹性）。德意志联邦银行（1997）指出，借记卡、电子银行和ATM带来的账户访问成本的不断下降所导致的活期储蓄对现金的替代将改变货币总量的信息内容。活期储蓄的流通速度要高于现金，这使得货币总量的流通速度也会加快。另外，改进后的支付工具会使个人更为有效地将交易持有从储值持有中分离出来。这在一定程度上会导致资金从高流通速度低利息储蓄转向低流通速度高利息投资。联邦银行（1997）报告称，在过去十多年里，M3流通速度的整体下降并不是由支付工具创新导致的。货币总量的利率敏感性增加了，而且预期还将继续。这主要是由投资者的“资产购置行为”推动的。联邦银行估计，货币总量的流通速度与构成的渐进变化原则上不会损害货币目标，因为中央银行可以在设置货币总量增长速度时考虑货币流通速度的变化趋势。此外，M1的定义中包含新支付工具（如电子货币）。

第二，支付系统的运营效率是具有深度和流动性的银行间市场得以出现的前提条件。这反过来是货币政策有效实施的前提要求，因为大规模不稳定的浮存资金会在单个银行层面和整体层面导致准备金水平更高和更易变。这也导致更为波动的日间和隔夜利率，并会使中央银行更难判断系统的流动性状态。[38]此外，对于中央银行而言，对影响准备金需求的自变因素的估计变得更为困难；这一估计是决定既定利率水平下最大再融资操作规模的前提条件。短期内，中央银行能通过会计标准（即往账方或来账方账户必须在交易完成前被借记/贷记）来处理浮存资金，但会在分配上产生不良效应。从长远来看，更为高效的流程（如流程的电子化）会降低浮存资金。银行间支付系统中支付服务的有效定价（就浮存资金包含的信贷而言）会激励银行采取更为复杂的资金管理措施、流程和系统。Fry等（1999）指出，一个在整个货币区都可使用和可访问的高效支付系统将通过降低货币市场交易成本，增强在整个货币区所有金融中心实施货币政策的效率。那么，货币市场的分割就得以避免，货币政策实施能专注于一个单一集中的货币市场（Cagan，1958）在其经典论文《为什么在公开市场操作中使用货币?》中所提到的就是这样一个特例）。TARGET 的实施正是受这一目标的推动。

第三，支付系统不应该是对流动性水平和成本的不可预见和不可预测冲击并进而导致直接和间接货币政策后果的来源。中央银行是能以零边际成本向市场提供流动性的唯一一方。而且中央银行不会被支付系统参与者看做竞争者，而是以“公共利益”行使特权，[39]并被赋予了最后贷款人（LLR）的角色。如今，这一角色常伴随着运营和/或监管支付系统及其参与者的职责。DNS 系统中大规模借方的违约和随之而来的流动性短缺会激发中央银行出于其作为最后贷款人的责任而注入流动性，而这些流动性可能会溢出到隔夜市场。中央银行作为货币当局和最后贷款人职能上的潜在冲突导致了对其进行制度分拆的讨论。[40]同时，中央银行常承担保证金融体系和支付体系稳定的法律和/或立法责任，[41]这使得市场会预期即使对其没有正式和明确的最后贷款人要求，它也会作为最后贷款人行事。对大额支付系统的运营和对其他支付系统的监管意味着中央银行具有信息优势，这将极大地提高其地位，以便其实施有效的政策来避免单个参与者的流动性问题威胁系统的稳定（如通过 RTGS 系统的运营），提早监测到单个参与者潜在的流动性问题，将流动性与清偿问题区别开来，并有效且高效地行使最后贷款人职能。

简单地说，支付体系的制度特征会影响中央银行货币的需求、货币政策实施的环境和不同货币政策实施工具的功效。

0.5 中央银行支付体系政策

除了参与支付体系政策形成与实施的政府行动以外，中央银行还有大量可供选择的工具来影响支付体系的制度变迁。中央银行涉及支付体系的政策可根据其作用对象是支付系统还是系统参与者来进行划分。中央银行可用的最为重要的政策工具包括：结算政策和中央银行账户[42]以及中央银行日间信贷的准入政策。此外，中央银行常常还积极行使在支付体系监督、运营和管理方面的职能。CPSS（2002）对相关的中央银行政策作了总结。

首先，许多中央银行鼓励系统重要性支付系统以中央银行货币进行结算，以降低系统性风险、信用风险和流动性风险，并确保服务的连续性（结算政策）。[43]在某些情况下，日末交易的融资和撤资要求以中央银行货币结算，而日间结算允许使用其他高质量资产。而且基于竞争原因，中央银行通常比竞争者作为结算机构要更好。中央银行常作为最后贷款人行事并参与银行业监管，连续参与支付系统使中央银行能获得有价值的信息，从而成功实现上述两个目标。中央银行在作为结算机构时常要授予日间信贷，这产生了除监管资源成本以外的成本。因此，它们要承担特定风险，即信用风险和日间信贷溢出到隔夜信贷的风险。

其次，中央银行的中央银行货币（以中央银行账户的形式）准入政策是其关于支付体系参与者的支付体系政策的核心工具。准入一般授予那些在支付系统中对金融稳定足够重要的机构，以使中央银行能明确相关风险。这些机构通常为本土银行。支付体系制度变迁的动力，尤其是自由化和全球化，导致不同金融领域之间的边界变得模糊，对跨境和多币种清结算服务的需求增加。这导致一些中央银行扩大了被授权访问中央银行货币的金融和非金融机构的范围，如券商、证券结算系统、外汇结算机构和保险公司。在许多情况下，对中央银行货币的访问使用和（受限的）银行业监管被拓展到提供支付服务的非银行机构。为了便利跨境外汇和多币种结算，某些中央银行调整政策允许远程访问中央银行货币，也就是说那些在该国没有办公部门的机构也能访问。

最后，CPSS（2002）报告称，对中央银行账户的访问总体而言也意味着对中央银行日间信贷的准入，且内在的考量是类似的。为了限制其风险暴露，中央银行可以要求质押或第三方担保、收取费用和设置限制，从而为中央银行与机构有关政策的微调提供了进一步工具。技术标准化（报文协议国际标准的采纳）能降低直接访问银行间支付系统的成本，从而对中央银行的准入政策有影响。

红皮书和蓝皮书概括了欧元区、英国和美国所选大额支付系统的准入政策以及不同系统在文本上的差异。根据 CPSS（2002），不管是中央银行的结算政策还是准入政策在整体上都绝非同质。中央银行在其支付体系政策工具箱中有大量工具来应对支付体系的制度变迁，并在制度变迁的塑造上扮演了更为主动的角色。

本书的章节建立在一个共同的框架上，包含了多样但互补的分析方法。政治推动和银行与最终客户不断变化的需求被认为是最近以及长期制度变迁的主要动力。支付体系最新的制度变迁来源于不同利益的相互作用以及特定制度结构中不断变化的激励和成本：中央银行控制货币体系以确保货币政策实施的效率、维护金融稳定、平稳运行支付系统以及获得铸币税（要求商业银行持有部分中央银行货币准备）的目标。商业银行的利润最大化目标要求节约这些准备。支付系统的设计就涉及结算风险和流动性成本间的抉择。对最新发展的分析表明，中央银行和商业银行以及最终客户在支付体系的最优风险/成本组合方面有不同的偏好，因为支付体系崩溃的社会成本和私人成本是不同的。支付体系的制度变迁是由中央银行和商业银行利益及其各自权力资源间的政治经济互动所推动的，而不是由技术创新驱动的。新技术就其自身而言很少成为推动力；更为常见的是通过使新产品、新市场和新治理结构（通过改变支付体系特定制度安排的激励结构和成本结构）的开发成为可能而对制度变迁施加影响。近代史上，中央银行证明了其在面对和主动改变支付体系制度变迁中维护对货币体系的控制权的决心和政治能力。

对欧元区、英国和美国的零售与批发支付系统的数据分析表明了显著的制度多样性。政治行为与银行和最终客户不断变化的需求被认为是制度变迁的主要推动力。后者导致批发以及零售和小额银行间支付系统交易额和交易量的强劲增长。这反过来不仅要求支付系统具有更高的效率，而且也推动了许多政治行为。新支付工具和支付服务供给商、向RTGS的转移和不断增长的电子化，都是制度变迁最为明显的信号。预计电子化和可替代的支付工具会导致更为陡峭的支付金字塔：中央银行货币占总支付额的比重将下降。这一发展导致对一般货币尤其是中央银行货币在整体经济支付体系中未来作用的思考。整个经济支付体系的制度结构和组织结构在不同时间和不同经济体内均有所不同，但也有共同点，即中央银行作为一般可接受交易媒介和记账单位，且所有经济相关支付系统都最终通过银行业体系与中央银行货币联系起来。制度变迁通过影响中央银行货币需求和特定中央银行货币需求量下货币政策实施效果来影响货币政策。对于整体经济支付体系的制度变迁，中央银行不仅有众多工具可供选择来应对，而且能施加影响。中央银行深入涉足建立广泛的支付工具相关法律框架的立法进程和政治进程，并将大量监管权力转移到这些框架中。此外，中央银行能调整其货币政策实施工具和自身的支付体系政策来应对以及引致支付体系的制度变迁。

0.6　章节安排

本节将依照书中出现的顺序讨论本书的章节安排。从第 1 章 Lawrence H. White 的文章开始，以后每章都有一篇对其进行回应的文章或评论。

Lawrence H. White 在《1945 年以来美国的支付体系创新及其对货币政策的影响》一文中的杰出观点在于，中央银行货币负债由纸币通货（在美国为联储现钞）和商业银行在中央银行持有的存款余额（银行用于银行间结算）构成，如果支付体系创新能提供近似替代物以显著降低中央银行发行的通货或中央银行发行的结算存款的需求规模或者增加其价格弹性，那么对货币政策就有潜在影响。第 1 章分析了能提供纸币通货和中央银行结算余额近似替代物的那些新近创新的结构。作者研究了其对整体经济支付体系制度结构的影响，以及美国货币政策的反应。他还比较了信用卡和借记卡推广的最新发展及其对美国货币政策的影响。

此文的评论者 Ulrich Bindseil 和 Flemming Würtz 也在其文章《货币政策实施视角的支付体系》中采用了历史视角。他们回想起在 1914 年前对于实施中央银行货币政策首先要控制短期利率是没有什么怀疑的。这在 20 世纪 20 年代初期随着“准备金头寸原则（Reserve Position Doctrine，RPD）”的诞生而发生了戏剧性的变化，根据这一原则中央银行应该通过公开市场操作调节准备金，从而通过货币乘数影响货币总量和最终目标。美联储仅在 20 世纪 90 年代回到了对短期利率的明确调节，而英格兰银行从未采纳过 RPD。在讨论了支付体系可能对货币政策实施技术产生的不同影响之后，作者最后得到结论，认为这些影响不能帮助解释尤其是在美国所观察到的实施原则的改变。相反，当前实施技术再次类似于 1900 年的情况表明，尽管支付体系在 20 世纪发生了巨大的制度变迁，但短期利率控制可能依然是合适的方法。

Forrest H. Capie、Dimitrios P. Tsomocos 和 Geoffrey E. Wood 在《支付体系制度变迁及其对货币政策影响的建模》中评估了一种可能的技术发展，即所谓电子物物交换，并将其与货币均模型化为交易技术。他们的模型遵循了 Shubik 对货币制度进行建模的传统。通过比较这些模型，他们评估了不可兑现货币的未来。

他们首先提出了货币替代技术的框架，然后非正式地描述了用于评估将该技术与不可兑现货币作为交换手段的模型。之后他们提出了正式模型，并分析了不可兑现货币的幸存（或消失），引出对经济政策的讨论，并在最后作了总结。

作为对 Capie、Tsomocos 和 Wood 的回应，Sujit Chakravorti 的《不断演变的支付场景及其对货币政策的影响》一文关注支付体系的经济学分析。文献主要建立在网络经济学基础之上，并将货币和支付体系解释为网络。相关的理论见解被用于分析储值卡在美国的缓慢普及，研究信用卡网络中的内在激励，以及探讨现存支付网络是否能满足未来需求。得到的结论主要在于支付网络制度变迁的建模、支付体系创新投资的激励以及货币政策方面。

在《电子货币与货币政策：电子货币间市场对于结算媒介和记账单位的作用》一文中，Stefan W. Schmitz 对电子货币与货币政策相关的文献作了一个关键性述评。在对其自身先前对电子货币、可赎回性、记账单位和货币政策的研究成果作了简要总结之后，他将不同的电子货币与货币政策模型分为三个范畴。首先是假设中央银行货币将被其他交易媒介所替代的模型；其次是认为对基础货币的剩余需求将保持为正的模型；最后则是提出存在公共惩罚性记账单位，而没有一般可接受交易媒介的支付体系模型，其中净余额由私人发行的不可兑换货币或者财富转移来结算。在最后一种情况下，他讨论了电子货币机构间结算媒介市场的隐含模型和记账单位的作用。他强调了货币作为一般可接受交易媒介的职能和作为记账单位的职能之间的关系等。其结论是无货币世界的其他模型是不一致且不完整的，从而通过否定其他模型，论证了他关于电子货币、可赎回性、记账单位和货币政策的先前研究成果。

Cornelia Holthausen 在《是什么推动了电子货币的需求和供给：理论背景与历史教训》中强调了对货币需求进行认真建模的重要性。该领域文献在过去十多年里增长迅速，她对其中的主要概念和成果作了述评。本文强调了合约的有限执行和信息不对称等摩擦的作用，讨论了是否存在多种货币共存的均衡。制度变迁被解释为均衡之间的转移，而她探讨的是这样的转移是否是可行和可取的。此外，她将结论与私人清算所的历史证据和制度安排中的货币需求联系起来，这与当前由中央银行垄断货币供给的情况不同。最后，她讨论了中央银行货币需求和货币政策需求的影响。

Stefan W. Schmitz 在《无中央银行货币环境下的货币政策》中展望了无中央银行货币环境下的货币政策。中央银行货币作为一般可接受交易媒介的作用在当前制度设置下是货币政策实施的前提条件。该文表明，赋予中央银行特定的监管职能（包括向第三方强加金融义务的权力）能使其实施与无货币世界下相同的货币政策。该分析基于一个不以中央银行货币结算的支付体系的构思，在该支付体系中对中央银行货币的需求实际为零。正如对欧洲中央银行和美联储操作的法律基础的分析所表明的那样，中央银行实际上已经获得了必要的监管权力来操纵对一般可接受交易媒介的需求。赋予中央银行必要监管能力的政治经济目标也适用于当前欧元区和美国的制度框架。

最后一篇文章是 Angelo Baglioni 的《银行间结算系统的组织：当前的趋势和对中央银行体制的影响》。从 20 世纪 90 年代银行间支付系统演变的主要特征出发，Baglioni 分析了商业银行在不同银行间支付系统中的选择。参与者的策略利益被解释为策略博弈。银行在同步和预测支付流上有集体利益，但每家银行在延迟支付上有各自利益。他讨论了对经济

（效率）和客户的潜在影响，以及中央银行在提供日间信贷和协调银行中的作用。该文章也提供了支付体系制度结构关键变化的现实证据，即从净额向全额结算系统的转变与混合系统的演进。然后，他探讨了这在多大程度上是由监管变化（如 Lamfalussy 标准和 SEPA）所推动的。在对货币政策的影响方面，他分析了支付系统是否需要以中央银行货币进行结算，以及支付系统是如何影响中央银行货币需求和货币市场均衡的。最后，他讨论了中央银行的准备金要求在货币政策实施中的作用。

0.7 总结

在这样一篇引言中很难避免在结尾时提出未来的研究方向和对后续文章进行研究的建议。但这两者只是一个引子，值得一提的还有更多。特别是，不管使用哪种分析方式都得出以下结论：不可兑现的中央银行货币不会被当前设想的任何电子货币形式所完全替代。此外，发展（在过去且也许在未来都改进了支付体系的稳健性或效率）并没有从根本上破坏中央银行控制货币条件的能力。

总的来说，本引言开头指出的中央银行和商业银行目标间的紧张关系到目前为止都是创造性的，而不是破坏性的，而且在未来会依然如此。

本书所基于的研究项目是由首席研究者 Stefan W. Schmitz 在奥地利科学院启动，并在项目主席 Michael Latzer 的领导下实施的。在此对奥地利中央银行周年基金[44]的经费资助诚致谢意。

参考文献

Allen, H. (2003) "Innovations in Retail Payments: E - payments", *Bank of England Quarterly Bulletin*, 428 - 38.

Board of Governors of the Federal Reserve System (2002) *The Future of Retail Electronic Payments Systems: Industry Interviews and Analysis*, Staff Study 175, Washington, D. C.

Boston Consulting Group (2004) *Global Payment Report* 2003, London.

Bradford, T., Davies, M. and Weiner, S. E. (2003) *Nonbanks in the Payments System*, Federal Reserve Bank of Kansas, Kansas City.

Cagan, P. (1958) "Why do We Use Money in Open Market Operations?" *Journal of Political Economy*, 66: 34-46.

Committee on Interbank Netting Schemes (1990) *Report of the Committee on Interbank Netting Schemes of the Central Banks of the Group of Ten Countries*, Basel: Bank for International Settlements. [Lamfalussy Report]

Committee on the Federal Reserve in the Payments Mechanism (1998) *The Federal Reserve in the Payment Mechanism*, Washington, D. C.

Cowen, T. and Kroszner, R. (1994) *The New Monetary Economics*, London: Basil Blackwell Publishers.

CPSS - Committee for Payment and Settlement Systems (2000) *Clearing and Settlement Arrangements for Retail Payments in Selected Countries*, Basel: Bank for International Settlements.

CPSS - Committee for Payment and Settlement Systems (2001a) *Core Principles for Systemically Important Payment Systems*, Basel: Bank for International Settlements.

CPSS - Committee for Payment and Settlement Systems (2001b) *Recommendations for Securities Settlement Systems*, Basel: Bank for International Settlements.

CPSS - Committee for Payment and Settlement Systems (2002) *Policy Issues for Central Banks in Retail Payments*, Basel: Bank for International Settlements.

CPSS - Committee for Payment and Settlement Systems (2003) *The Role of Central Bank Money in Payment Systems*, Basel: Bank for International Settlements.

CPSS - Committee for Payment and Settlement Systems (2005) *Statistics on Payment and Settlement Systems in Selected Countries - Figures for* 2003, Basel: Bank for International Settlements. [Red Book]

Deutsche Bundesbank (1997) "Monetary Policy and Payment Systems", *Deutsche Bundesbank Monthly Report* (March): 33 –46.

Edwards, C. L. (1997) "Open Market Operations in the 1990", *Federal Reserve Bulletin*, 859 – 74.

European Central Bank (2003a) *Towards a Single Euro Payments Area – Progress Report*, Frankfurt/Main.

European Central Bank (2003b) *Oversight Standards for Euro Retail Payment Systems*, Frankfurt/Main.

European Central Bank (2004a) *Assessment of Euro Large – Value – Payment Systems against the Core Principles*, Frankfurt/Main.

European Central Bank (2004b) *The Implementation of Monetary Policy in the Euro Area*, Frankfurt/Main.

European Central Bank (2004c) *Payment and Securities Settlement Systems in the European Union*, Frankfurt/Main. [Blue Book]

European Central Bank (2004d) "Future Developments in the TARGET System", *ECB Monthly Bulletin* (April): 59 –65.

European Central Bank (2005) *Assessment of Euro Retail Payment Systems against the Core Principles*, Frankfurt/Main.

European Commission (2004) "Financial Integration Monitor 2004 – Background Document", Internal Market DG Working Paper, Brussels.

European Union (1992a) *Treaty Establishing the European Union*, Official Journal of the European Communities C 191, Brussels.

European Union (1992b) *Protocol on the Statute of the European System of Central Banks and the European Central Bank* (annexed to the Treaty establishing the European Union), Official Journal of the European Communities C 191, Brussels.

FBE (1999) *Guidelines on Liquidity Management*, Brussels: Federation Bancaire De L' Union Européene.

Federal Reserve System (2002) *Alternative Instruments for Open Markets and Discount Window Operations*, Washington, D. C. : Federal Reserve System.

Federal Reserve System (2004a) *The* 2004 *Federal Reserve System Payments Study*, Washington, D. C. : Federal Reserve System.

Federal Reserve System (2004b) *Reserve Maintenance Manual*, Washington, D. C. : Federal Reserve System.

Freedman, C. (2000) "Monetary Policy Implementation: Past, Present, and Future – Will the Advent of Electronic Money Lead to the Demise of Central Banking?" *International Finance*, 3: 211 –27.

Freixas, X. , Holthausen, C. , Terol, I. and Thygesen, C. (2001) "Settlement in Commercial Bank Money versus Central Bank Money", mimeo Universitat Pompeu Fabra, Barcelona.

Fry, M. (1999) "Risk, Cost and Liquidity in Alternative Payment Systems", *Bank of England Bulletin* (February): 78 –86.

Fry, M. J. , Kilato, I. , Roger, S. , Senderowicz, K. , Sheppard, D. , Solis, F. and Trundle, J. (1999) *Payment Systems in Global Perspective*, London: Routledge.

Goodhart, C. A. E. and Schoenmaker, D. (1995) "Should the Functions of Monetary Policy and Banking Supervision Be Separated?", *Oxford Economic Papers*, 47: 539 –60.

Group of Ten (2001) *Report on Consolidation in the Financial Sector*, Basel: Bank for International Settlements. [Ferguson Report]

Holthausen, C. (1997) "Systemic Risk, Interbank Relationships, and Monetary Policy: A Literature Review", working paper, University Pompeu Fabra, Department of Economics, Barcelona.

Holthausen, C. and Monnet, C. (2003) "Money and Payments: A Modern Perspective", working paper European Central Bank 245, Frankfurt/Main.

Humphrey, D. B. , Sato, S. , Tsurumi, M. and Vesala, J. M. (1996)

"The Evolution of Payments in Europe, Japan, and the United States – Lessons for Emerging Market Economies", policy research working paper 1676, The World Bank Financial Sector Development Department, Washington, D. C.

Johnson, O. E. G. (1998) "The Payment System and Monetary Policy", IMF Paper on Policy Analysis and Assessment, Washington, D. C.

Lacker, J. M. (1997) "Clearing, Settlement, and Monetary Policy", working paper 97 – 1, Research Department Federal Reserve Bank of Richmond.

Lacker, J. M. and Weinberg, J. A. (2003) "Payment Economics: Studying the Mechanics of Exchange", *Journal of Monetary Economics*, 50: 381 – 7.

Lacker, J. M., Walker, J. D. and Weinberg, J. A. (1999) "The Fed's Entry into Check Clearing Reconsidered", *Federal Reserve Bank of Richmond Economic Quarterly*, 85: 1 – 31.

Latzer, M. and Schmitz, S. W. (eds) (2002) *Carl Menger and the Evolution of Payment Systems: From Barter to Electronic Money*, Cheltenham: Edward Elgar.

Madigan, B. F. and Nelson, W. R. (2002) "Proposed Revision to the Federal Reserve's Discount Window Lending Programs", *Federal Reserve Bulletin* (December): 313 – 319.

McAndrews, J. and Trundle, J. (2001) "New Payment System Designs: Causes and Consequences", *Bank of England Financial Stability Review* (December): 127 – 36.

Payment Systems Policy Working Group (2004) Comments on the Communication from the Commission to the Council and the European Parliament concerning a "New Legal Framework for Payments in the Internal Market" (Consultative Document), Frankfurt/Main: ECB.

PRC – Payments Risk Committee (2003) *Managing Payment Liquidity in Global Markets: Risk Issues and Solutions*, New York.

Prescott, E. S. and Weinberg, J. A. (2003) "Incentives, Communication, and Payment Instruments", *Journal of Monetary Economics*, 50: 433 - 54.

Rip, A. and Kemp, R. (1998) "Technological Change", in S. Rayner and E. L. Malone (eds), *Human Choice and Climate Change*, Vol. 2, Columbus: Batelle Press, 327 - 99.

Schmitz, S. W. (2002a) "Carl Menger's 'Money' and Current Neoclassical Models of Money", in M. Latzer and S. W. Schmitz (eds) *Carl Menger and the Evolution of Payment Systems: From Barter to Electronic Money*, Cheltenham: Edward Elgar, 111 - 32.

Schmitz, S. W. (2002b) "The Institutional Character of Electronic Money Schemes: Redeemability and the Unit of Account", in M. Latzer and S. W. Schmitz (eds), *Carl Menger and the Evolution of Payment Systems: From Barter to Electronic Money*, Cheltenham: Edward Elgar, 159 - 83.

Schmitz, S. W. (2004) "John Wheatley", *Biographical Dictionary of British Economists*, Bristol: Thoemmes Continnum, 1281 - 86.

Selgin, G. A. (2005) "Wholesale Payments: Questioning the Market - Failure Hypothesis", *International Review of Law and Economics*, 24: 333 - 50.

Selgin, G. A. and White, L. H. (1994) "How Would the Invisible Hand Handle Money?" *Journal of Economic Literature*, 32: 1718 - 49.

Sheppard, D. (1996) *Payment Systems*, Handbooks in Central Banking No. 8, Centre for Central Banking Studies, London: Bank of England.

Wood, G. E. (2000) "The Lender of Last Resort Reconsidered", *Journal of Financial Services Research*, 18: 203 - 27.

注释

1 作者感谢奥地利科学院项目研讨会的参与者，尤其是 Robert Lindley 提出的有益评论和建议。

2 支付经济学领域兴起于20世纪90年代。它将货币经济学和银行理论与交易机制研究整合了起来（Lacker/Weinberg，2003；以及 *Journal of Money*，*Credit*，*and Banking* 第32卷第3期第2部分和 *Journal of Monetary Economics* 第50卷第2期的特刊）。

3 关于对 Wheatley 所做贡献的讨论参见 Schmitz（2004）。

4 Humphrey 等，1996。

5 除了直接应对支付系统隐私问题的政治行动以外，消费者保护和反洗钱法等（不再一一列举）也影响支付体系，并能影响支付体系的制度变迁。

6 CPSS，2000；McAndrews 和 Trundle，2001。

7 CPSS（2001a）作出如下定义：当一个系统相应结算流程的崩溃会对其他金融系统参与者产生严重影响或导致系统性影响时，该系统被认为具有系统重要性。

8 ECB，2003b，2004a。

9 联邦储备系统备案编号 OP－1191。

10 委员会关于内部市场支付新法律框架与理事会和欧洲议会的沟通（征求意见稿）COM（2003）719。

11 结算最终性指的是无条件的和不可撤销的支付（欧盟最终支付指引，98/26/EC）。关于对 CLS 系统中最终结算媒介选择的影响因素的讨论，参见 Freixas 等（2001）。

12 相关讨论参见 Schmitz（2002b）。

13 澳大利亚储备银行引入了交易结算账户，为非银行机构提供中央银行结算服务。在周期性高峰期和压力期间依然能维持流动性的支付服务供给商也有资格提供此服务。该账户只能提供与账户持有者参与的清算过程相关的结算服务。

14 尤其参见 Selgin 和 White（1994）与 Holthausen 和 Monnet（2003）。

15 参见 Wood（2000）。

16 指大额支付系统由 DNS 向 RTGS 的转变。

17 ECB，2004a。

18 欧洲委员会，2004。

19 ECB，2004b。

20 比利时、加拿大、法国、德国、中国香港、意大利、日本、荷兰、新加坡、瑞典、瑞士、英国和美国。

21 CPSS（2003），21，表1。除了少数例外，数据为2002年。

22 CPSS（2003），21，表1。除了少数例外，数据为2002年。

23 数据来源：蓝皮书（ECB，2004c）和红皮书（CPSS，2005）。

24 CPSS，2002。

25 CPSS，2002。

26 CPSS（2002）和 BCG（2004）。

27 CPSS，2002。

28 美联储支付机制委员会（1998）。关于美国 ACH 市场的演进、美联储的角色和监管的作用（如 1980 年的货币控制法案）的讨论，参见 White（本书第 1 章）。

29 Bradford、Davies 和 Weiner，2003。

30 Allen，2003。

31 ECB，2005。

32 CPSS，2003。

33 CPSS，2000。

34 基于类似的考虑，即银行想要节约中央银行储备，Lacker（1997）对银行决策问题进行了形式化并在模型中外生加入了一个私人多边净额清算安排。日间信贷利率助长了私人清算安排。

35 关于技术变迁的社会学、哲学和经济学概念与理论参见 Rip 和 Kemp（1998）。

36 Prescott 和 Weinberg（2003）认为，19 世纪后期银行汇票向支票的转移是因为技术进步（即电报的发展）和制度创新（即信用报告服务），后者使商户得以对先前未知交易对手所签发支票的质量进行评估。随着与先前未知交易对手的跨区域贸易的增长，对比预付银行汇票更划算的支付手段的需求也在累积。因此，新技术和制度创新使得客户能够推动支付体系制度变迁以节约中央银行货币。

37 关于欧洲中央银行和美联储货币政策工具的描述可在如下文献中找到：ECB（2004b）、Edwards（1997）、Madigan 和 Nelson（2002）、联邦储备体系（2002，2004b）。

38 Fry 等，1999。

39 支持公共利益动机的论据超越了支付体系对货币政策实施的作用。一个有效而稳定的支付体系对于期内生产和交换的有效经济以及跨期配置的稳定金融体系而言都是基础设施必不可少的一部分。但是，铸币税为中央银行涉足大额支付系统提供了私人利益动机。

40 参见 Goodhart 和 Schoenmaker（1995）以及 Wood（2000）的讨论。

41 建立欧盟条约的条款 105（2）和欧洲中央银行章程的条款 3.1 都声称，促进支付体系的平滑运行是欧洲中央银行体系（ESCB）的基本任务。美联储法案（1913）、货币控制法案（1980）和电子资金转账法案（1978，1996）都是美联储推进在全国范围内建立高效支付体系这一任务的基础。

42 对中央银行账户的准入影响了非银行机构进入支付市场所面临的成本和法律障

碍，从而影响支付体系的效率、集中度和稳定性。

43 “核心原则六：用于结算的资产更应该是对中央银行的要求权；在使用其他资产时，这些资产应该几乎没有信用风险而且几乎没有流动性风险。”（CPSS，2001a，34）。

44 在 Stefan W. Schmitz 加入奥地利中央银行之前，项目申请就已提交，经费也已分配到项目。本书中表达的观点完全是各章作者自己的观点，并不必然反映其所在机构的观点。

1. 1945 年以来美国的支付体系创新及其对货币政策的影响

Lawrence H. White

1.1 尚未发生的革命

货币政策的实施是通过调控基础货币——中央银行货币负债的数量进行的（中央银行通常更喜欢考虑和讨论通过目标利率的改变来实施货币政策，而中央银行的资产负债表包含了理解中央银行能通过什么影响利率和其他变量的关键）。中央银行的货币负债包括纸币（在美国为联储现钞）和商业银行在中央银行的存款余额（用于银行间结算）[1]。如果支付体系创新能提供近似替代物以显著降低中央银行发行的通货或中央银行发行的结算存款的需求规模或者增加其价格弹性，则其对货币政策传导有潜在影响。

最近的创新可以提供纸币的近似替代物，为消费者提供持有和转移可用余额的电子货币设备，诸如卡基设备、基于手机的设备和基于个人计算机的设备。创新也可以提供中央银行结算余额的近似替代物，包括在中央银行账簿之外结算的存款转移系统，如 PayPal、e－gold 和由私营系统（私营自动清算所和 ATM 网络）清算和结算的存款转移。

在 1996 年的一次采访中，银行家 Walter Wriston 断言基于智能卡的数字货币是“一触即发的革命”，而且“技术……正处于爆发的边缘”（Bass，1996），然而预言中的爆发尚未发生。

货币经济学家（Cronin 和 Dowd，2001；Friedman，1999）和中央银行家（BIS，1996；King，1999）已经预见到了私人发行电子货币取代中央银行负债对货币政策带来的严重后果——中央银行负债也许完全消失。这方面的电子货币文献类似于早期关于货币需求“法律限制理论”的文献，[2] 其设想在没有法律限制的情况下，高收益债券可以完全替代中央银行负债。Cronin 和 Dowd（2001，227）预料：

对中央银行货币的需求不仅会大幅下降，而且可能在一个可预见的范围内消失。未来电子支付和结算系统的技术进步，以及正在发生的制度变迁，如转向私营部门结算系统，会消除对中央银行货币的需求。

BIS 报告（1996，2）认为电子货币创新依靠其便利性“有可能挑战现金在小额支付中的主导地位”，但也担心“由于对中央银行铸币税收益和货币政策的可能影响，以及中央银行在支付系统的一般利益，其会给中央银行带来一系列政策问题”。直到当时，电子货币对纸币的取代都还没有引起美国货币政策制定者的关注。

1999 年，在由堪萨斯城联储银行主办的关于“货币政策的新挑战”的 Jackson Hole 会议上，英格兰银行副行长 Mervyn King（1999，49）宣称，只要有足够的计算能力：

在原则上，没有理由认为最终清算不能通过私营部门而必须要通过中央银行进行。……中央银行实施货币政策能力的关键是其在法律或法规上依然是唯一被允许垄断结算资金市场的实体……如果失去在结算中的这一作用，中央银行将不复存在，货币也同样将不复存在。

自 1999 年开始，联邦储备系统在清算和结算中的作用（如果有的话）逐渐增大。2003 年 Jackson Hole 会议的主题是“货币政策和不确定性：适应不断变化的经济”，电子货币和私营清算带来的变革和不确定性根本从来没有被提及关注。[3]

1.2 信用卡与借记卡

1945 年至 2000 年，信用卡以及后来的借记卡的激增是美国零售支付中最显著的事件。信用卡系统发展到处理了美国近四分之一的零售支付。这些发展通过中央银行货币需求对货币政策的影响，可以给我们一些暗示，即当前的支付创新会在将来给我们带来什么。

几个世纪以来，卖家一直为客户提供信贷。多网点零售连锁店（特别是加油站和百货商店）的增长导致了 20 世纪信用授权模式的确立，凭借公司发行的“收费卡”，客户可以在公司的任何网点购买商品。1950 年起，这类单一的公司卡加入了新成员——旅行娱乐卡。最早的旅行娱乐卡是大来卡，在纽约最初可以被 14 家餐厅接受。美国运通，旅行支票的主要发行者，于 1958 年发行了被广为接受的运通卡。与其他零售商不同，大来俱乐部和美国运通希望它们的客户在每个月月底前支付其全部账单。

同时，多家银行（第一家可能是纽约的富兰克林国民银行）于 1951 年开始发行自己的“万能”信用卡，以将广泛接受性与把还款时间推迟到月底之后的机会结合起来。因为当时美国的法律限制一家银行只能在一个州或一个城市运营，所以每一张银行卡也同样只能被与银行签约的本地零售商接受。美国银行（分支机构遍布全州的加利福尼亚州最大银行）于 1958 年发行了美国银行卡，并从 1966 年起通过与其他州的银行签署许可协议的方法使美国银行卡能在全美使用。加利福尼亚州其他银行组成的联盟试图建立一个足够大的网络以挑战美国银行卡。1966 年，它们组建了银行卡协会（Interbank Card Association，ICA），进行互惠的银行卡受理，并且迅速在其他州吸纳会员银行。1969 年 ICA 采用“Master Charge”品牌。为迎接挑战，美国银行在 1970 年将其拥有的银行卡品牌转让给一个类似的协会，该协会对卡进行了国际化，并在 1976 年更名为 Visa（维萨）。1979 年，Master Charge 更名为 MasterCard（万事达）。[4]

第三家万能卡——发现卡（Discover Card），最初由遍布全美的 Sears 零售连锁通过其下属金融服务部门从 1985 年开始推出。美国运通在 1987 年推出运显卡（Optima）。

按照至少拥有一张信用卡的美国家庭的比例计算，信用卡渗透率在 20 世纪 70 年代变得很高，并以均匀的速度持续上升。根据美国联邦储备系统的消费者财务状况调查（Yoo，1998，21），该比例在 1983 年为

64%，在1989年为70%，在1992年为72%，到1995年达到75%。

20世纪70年代，一些经济学家从信用卡的增长率推断，信用卡很快会完全取代现金和支票支付，使得货币总量变得无关紧要。Brunner和Meltzer（1990，358，n.1）后来评论道：

在20世纪70年代，美国出现信用卡大范围地替代现金。一个常见的说法是对传统货币（现金和活期存款）的需求将归零，货币流通速度会接近无穷大。就在这些预测后不久，货币流通速度开始下降了。

横截面研究显示，与预期一样，信用卡拥有情况和较小的活期存款持有是相关的（Duca和Whitesell，1995）。但是，Bruner和Meltzer指出，在时间序列上，尽管信用卡的使用持续增长，但1980年后美元M1流通速度下降了（见图1.1）。

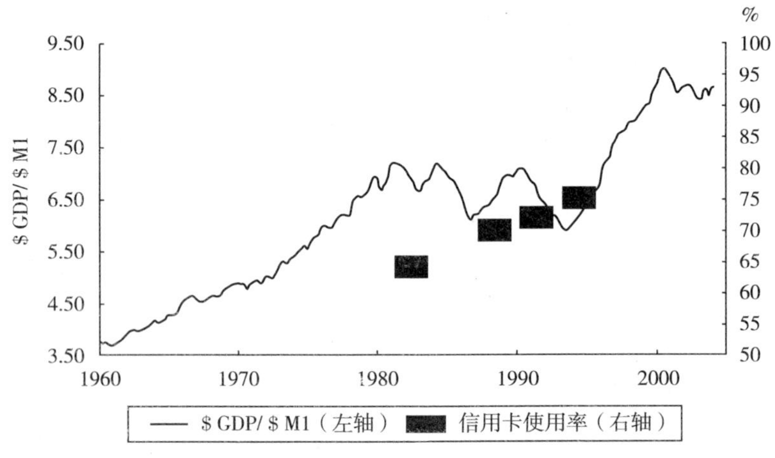

图1.1　1960—2004年美国M1流通速度和信用卡使用情况

1980年后的M1流通速度突破正常运行轨迹的主流解释是：

（1）由于美联储政策导致通货膨胀，名义利率的运行轨迹也被相应打乱（Rasche，1993）；

（2）对M1存款利率的放松管制（Rotemberg，1993）。[5]

鉴于信用卡传播是一个渐进的、稳定的过程，没有理由将信用卡的使用与M1的突然不稳定和货币政策制定者面临的相应挑战关联起来。

1.3 当前美国的电子支付

1.3.1 批发电子资金转账

美国绝大部分电子资金转账是通过联邦电子转账系统（Fedwire）与美国国家结算服务（National Settlement Service）进行的大额（批发）银行间支付。Fedwire 由联邦储备体系拥有并运营；CHIPS 由来自 22 个国家的商业银行组成的协会拥有，并由 11 家主要银行的美国分支机构的协会——清算所（Clearing House）运营。[6]

Fedwire 是一个实时全额结算系统（提供日间透支便利），在商业银行的联储银行准备金账户间划拨资金。商业银行通过 Fedwire 转移银行间的准备金贷款（“联邦基金”），并代客户发送证券和不动产交易的即时最终支付指令。国家结算系统（National Settlement System，NSS）是一种私营部门清算网络机制（处理纸质支票、自动清算所支付、ATM 和借记卡以及信用卡），为在联储银行开立准备金账户的参与行间的日终净额债务提供结算。[7] 根据美联储的数据，大约 9 500 家机构可以通过 Fedwire 发送和接收资金。2000 年，Fedwire 每天的支付达 430 000 笔，金额达 1.5 万亿美元。平均每笔支付金额大约为 350 万美元，中位数约 25 000 美元。[8]

CHIPS（Clearing House Interbank Payments System，清算所银行间支付系统）每天处理的业务量与 Fedwire 不相上下：每天支付 257 000 笔，总金额约 1.4 万亿美元。商业银行主要用 CHIPS 进行外汇交易和跨境支付。CHIPS 每笔交易并不是实时全额结算，而是采取一种“预付金和双边或多边净额结算相结合”的结算方式，在日间利用“专有余额释放算法”进行连续净额处理。净额结算减少了总支付流，同时也降低了参与者的流动资金需求。结算账户的“预付金”（即流动性准备金余额的质押，相当于托管安排）每日开始时余额约为 28 亿美元（按规定必要时可日内补足）使得 CHIPS 得以为付款银行在可用流动性资金额度内的支付提供实时最终性。CHIPS 宣称，“支付是净额匹配，并通常在几秒内完成，85%以上的支付在中午前被清算”。银行间同业净额债务的结算通过商业银行开立在纽约联邦储备银行的存款准备金账户划转。[9]CHIPS 宣称其参与者支付的费用比 Fedwire 少，不过一个行业观察员认为“CHIPS 和 Fedwire 相比，其竞争优势主要在于服务创新和服务质量上”（McGuire，2001，4）。

2001 年，CHIPS 引入实时最终结算方式。之前它采用日终净额结算方式，并有为日终参与者违约时支付指令“清退”的应急预案（预案从来没有实施，因为从来没有参与者违约）。转向实时最终结算可能意味着在与 Fedwire 或 NSS 的竞争中 CHIPS 处于领先地位，不过 CHIPS 的业务量相比 Fedwire 或 NSS 并没有增加。

即使 CHIPS 完全取代 Fedwire 和 NSS，其对基础货币需求的影响进而对货币政策的影响依然是较小的。正如前面 Selgin 和 White（2002，145－46）提到的，CHIPS 主要使用商业银行在纽约联邦储备银行的存款进行最终结算。与美联储出现之前的那些清算所的做法一样，CHIPS 原则上可以结算美联储的账簿。如果它使用美元的实物转移进行结算，那么商业银行对基础货币的需求将仅会改变形式，而不是规模或弹性。如果通过转移对清算所协会自身存款的要求权进行结算，该存款就需要拥有基础货币［在美联储出现之前，纽约清算所协会（NYCHA）通常持有 100%的黄金储备］。只要基础货币仍然是中央银行负债的一部分，中央银行就有充分的实施货币政策的立足点。

表 1.1　美联储收费服务情况表（2003 年、2002 年和 2001 年）

	2003（百万美元）	2002（百万美元）	2001（百万美元）	变动百分比（%）	
服务				2002—2003 年	2001—2002 年
商业支票	15 806	16 584	16 905	-4.7	-1.9
资金转账（Fedwire）	126	117	115	7.5	1.6
商业性 FedACH	5 588	4 986	4 448	12.1	12.1

数据来源：Federal Reserve System（2003，p. 118）。

表 1.2　　美国零售电子支付的估计数量和美元金额（2000 年）

	交易笔数（百万笔）	美元价值（百万美元）	平均支付价值（美元）
支付工具			
信用卡	15 048	235 374	82.1
借记卡	8 278	348 131	42.05
自动清算所②	5 622	5 674 851	1 009.40
电子福利转账	537	13 744	25.56
合计①	29 487	7 272 100	246.62

注：①信用卡是通用卡和自有品牌卡的合计。借记卡是“离线卡”（以签名为基础，通过维萨和万事达的网络进行）和“在线卡”（以密码为基础，通过 ATM 网络进行）的合计。电子福利转账仅计算了使用特定政府福利账户的消费者支付（用于食品救助、福利、社会保障和退休金）；向该账户的政府转账被包含在自动清算所名目下。

②表 1.2 中 ACH 的数量超过了表 1.1 中 ACH 的数量，是因为表 1.1 只包含通过联邦储备系统的自动清算所数据，表 1.2 则包括了 ACH 自行清算的支付。

数据来源：Federal Reserve System（2002b，p. 58）和作者基于此数据的计算。

1.3.2　零售电子支付

也许美国零售支付系统最为突出的最新进展正是稳步推进从纸质支票向通过自动化清算所系统清算的电子资金转账转变。美联储（见图 1.1）报告称纸质支票的数量 1999 年达到峰值，此后开始逐年下降。2003 年，美联储处理了 158 亿张纸质支票，比上年减少 4.7%。[10] 与此同时，2003 年通过联邦自动清算所系统（FedACH），美联储处理了 56 亿笔商业电子支付，比上年增长 12.1%（见图 1.1）。这些商业性 FedACH 支付不包括大额电子资金转账。目前，ACH 支付大部分是预先安排的工资“直接存款”和每月账单的“直接支付”，目前增长比较快的是消费者通过网上银行进行的个人授权的支付。

美联储继续研究了美国支付系统的现状和演进。美联储的 2001 年“消费者财务状况调查”发现，大约 88% 的美国家庭在当年通过以下四种方式之一或多种方式使用了电子资金转账服务：ATM 卡、借记卡、直接存款（直接进入消费者银行账户，通常是薪酬或政府津贴）、直接支付（以电子方式直接从消费者银行账户扣除）。大约 70% 使用了 ATM，

67%使用了直接存款，47%使用了借记卡，40%使用了直接支付。[11]

除了测度上述已有四种支付技术的交易量外，美联储的2000年“电子支付工具研究”还注意到了下列“新兴支付技术”（美联储，2002b，70）：

- 电子账单支付和呈递
- 个人对个人（P2P）支付
- 储值（预付）卡
- 互联网货币

这些新兴支付技术的特征和对货币政策的潜在影响是值得讨论的。此外，我们还考虑了发展中的移动电话支付系统。

美联储的研究也提到一些试销阶段的支付技术：

- 借记卡/ATM卡的互联网平台
- 一种“ACH借记卡”

• 借记卡/ATM卡互联网平台，通过电子资金转账（Electronic Funds Transfer，EFT）网络（即类似Star和NYCE的ATM清算系统）进行传输。如同PayPal，但不同于通过ACH的互联网账单支付（通常需要两天或两天以上的时间传递支付指令），EFT网络通常在瞬间完成支付指令传递。[12]

• 一种“ACH借记卡”，不同于普通借记卡，它“通过ACH系统传输支付指令，而不是通过EFT网络”。

• 销售点终端由纸质支票转向通过ACH系统进行的电子交易。

我们将综合考虑这些技术以及电子账单支付和呈递，因为所有这些设备都是为了存款转账的便利。

电子账单支付和呈递（Electronic Bill Payment and Presentment，EBPP）是指“能让客户通过银行存款转账在互联网上接收、审核并执行其账单支付的在线服务”。EBPP是ACH支付一个较小但增长迅速的类别。此前，ACH系统专注于预授权定期支付（例如工资和每月按揭）。EBPP可以让消费者使用电话或网上银行进行单笔支付。因此，EBPP提供了对纸质支票而不是纸币的近似替代物。这同样适用于销售点终端由纸质支票转向通过 ACH 系统进行的电子交易。

通过 EFT 网络（即类似 Star 和 NYCE 的 ATM 清算系统）而不是通过 ACH 传输支付指令的借记卡互联网平台提供了另外一种针对纸质支票而不是纸币的近似替代物。互联网账单支付与 ACH 相比的潜在优势在于 ACH 通常需要两天或两天以上的时间传递支付指令，而 EFT 网络通常在瞬间完成支付指令传递。[13]因此，在线 EFT 借记将由现有银行账户进行的在线支付便利与 PayPal 的即时性结合了起来。

EBPP（或在线 EFT 借记）对纸质支票的替代只有在 ACH（或 EFT）支付比支票更常在美联储账簿外被清算和结算时才会减少中央银行结算余额的使用。实际上，在支票清算上，美联储比 ACH 更具优势。联邦储备银行清算了大约 69% 的银行间纸质支票，更清算了 80% 以上的商业银行间 ACH 支付和 100% 的政府拨款 ACH 支付（Electronic Payments Network，2002，2）。

美联储在 ACH 处理上的主导地位在过去十年确实得到加强。ACH 系统于 1974 年开始运行。1980 年存款机构放松管制和货币控制法案要求美联储支付服务（同时包括支票和 ACH 处理）价格限定在“市场竞争价格”和成本回收的基础上，以使私营部门支付供给商不再面临补贴式竞争。1994 年，现有的三家私营部门 ACH 运营商——美国清算所（American Clearing House）、维萨和纽约自动清算所（NYACH）——组建了一个专用交换系统，名为 PAX，这让它们无须通过美联储进行交易，也不用支付美联储内部交换费。Gowrisankaran 和 Stavins（2004，262）估计，1996 年 FedACH 系统处理了大约 33 亿笔跨行（两家不同商业银行）商业性 ACH 交易的 75%。2001 年和 2002 年联邦储备银行大幅降低其 ACH 服务价格，并宣布第三次降价计划，迫使美国清算所和维萨退出了这个行业。[14]今天的 NYACH 已改名为电子支付网络（Electronic Payments Network，EPN），是仅存的私营部门 ACH 运营商。[15]EPN 曾公开抱怨美联储的“不公平”和“非竞争性”价格政策，不过美联储官员认为其降低的价格反映了其 ACH 交易单位成本的下降。[16]

在任何情况下所有私营清算系统（纸质支票、ACH 和 EFT）的结算都通过国家结算系统（National Settlement System）在美联储账内发生。即使私营清算完全取代美联储清算，对基础货币需求（除非达到在结算前发生大额净额清算的情况）或货币政策效力也没有影响。

个人对个人（P2P）支付“涉及以电子方式发起的从个人到个人的转账”，以便“给家庭成员寄钱，向朋友还款以及为从网上拍卖处购买的物品付款”（美联储，2002b，70）。美联储研究并没有提具体供应商的名字，但这里可以明确指出是 PayPal 服务（2002 年 10 月由拍卖网站 eBay 收购）和它不太成功的对手（2003 年 11 月关闭的花旗银行 c2it 和 Yahoo！PayDirect）。PayPal 目前拥有大约 4 000 万以美元计价的账户，并在世界范围内拥有略超过 4 500 万的账户。它没有报告这些账户的美元存量资金。富国银行（PayPal 支付处理行）报告称 2003 年互联网支付流达 120 亿美元。PayPal 的报告称 2004 年第一季度支付流量达 43 亿美元。与上年第一季度相比，PayPal 的名义收入增长了 68%。[17]

PayPal 结合了信用卡和存款转账转发服务，相当于一个带有即时行内结算功能的网上银行。如果史密斯有一个余额为正的 PayPal 账户，他向琼斯转移其部分余额完成支付。如果史密斯的账户余额为 0，他通过预先登记的信用卡授信或从一个预先登记的银行账户进行 ACH 转账完成支付。琼斯会收到以 PayPal 账户余额为形式的对 PayPal 的活期债务要求权。余额为正的 PayPal 账户可以利用支票或 ACH 转账提现（转账到普通银行账户）。虽然有与存款类似的负债，但 PayPal 否认其是一家银行。当开设新的 PayPay 账户时，客户必须同意接受如下条款：（ⅰ）PayPal 不是一家银行，其服务是支付处理服务，而不是银行服务；（ⅱ）PayPal 不作为客户资金的受托方、信托方或托管方，只作为代理人和保管人。[18]

PayPal 业务的核心其实并不适合描述为个人对个人的支付，而是个人对小微商家的支付，这里的“小微商家（micromerchant）”是太过随意或太小的卖家，无法承受维萨或万事达卡（如果它们能够接受它）的手续费。一个记者（Sisk，2004）指出，PayPal：

> 基于先见和运气创造性地发明了小微商家这个类别。先见之明主要体现在其更早强调了个人对个人支付不需要支付租金，运气则是早期被

津津乐道的互联网典型成功故事 eBay 上买家和卖家的喜爱。

“我们以 P2P 支付开始，但是它最终无法成为我们业务的一个重要组成部分，现在其仅占不到 5%”，PayPal 客户服务总经理 Todd Pearson 说，“那些跟随者误以为 P2P 支付是最主要的。”

PayPal“在 eBay 上迅速获得了临界规模”，因为它为买家提供了在线支付的便利与速度以及即时确认；也因为它为卖家提供了方便的注册，费用仅相当于“（接受）信用卡所需费用的小部分”（Sisk，2004）。

PayPal 的增长对货币政策有什么影响呢？对于客户 PayPal 账户余额的每一美元，PayPal 在富国银行都持有相匹配的存款余额，除非客户选择持有 PayPal 投资的 PayPal 货币市场共同基金（PayPal money - market mutual fund，MMMF）的基金份额。其他商业银行存款余额转变为 PayPal 余额的第一种类型并不会改变银行系统活期存款的总量，仅仅在银行间进行了重新分配。它对美国的货币政策没有带来麻烦。可支出余额转为 PayPal MMMF 份额相较于 20 世纪 70 年代以来其他 MMMF 的增长而言也没有给货币政策带来更大的麻烦。MMMF 份额没有计入 M1，所以其作为支付手段的使用量增加（相对于 M1 存款）增加了 M1 的支出比率（M1 流通速度）。由于 MMMF 的发展一直是渐进的，而且其交易受到限制，因此同期 M1 的增长速度也是渐进的（见图 1.1）。MMMF 份额被计入 M2，因此美联储可以跟踪其数量，并估计其对 M1 流通速度的影响。PayPal 基金份额每一美元的支出金额可能比其他 MMMF 份额更大：与其他典型可开支票的货币市场共同基金不同，PayPal 没有规定对外支付的最低限额。如果在支出上的这种差异很大，PayPal 可能会成为 MMMF 中的庞然大物，美联储可能要将其从其他 MMMF 余额中分离出来进行单独跟踪。

从监管上看，PayPal 是否应该被看做一家银行，是一个完全不同的问题。必须指出，“银行”在美国法律上被看做一家同时吸收存款和发放贷款的中介机构，而 PayPal 不发放贷款。20 世纪 80 年代，当美国的银行在不允许它们开设全功能分支机构的地方建立子公司以吸收存款（但不允许发放贷款）时，这些子公司被称为“非银行的银行”。据此，

PayPal 可能被看做“非银行的银行”和可开支票的货币市场共同基金的组合。[19]

储值（预付）卡在过去的十年因为可能会再次引入私人货币而已经引起了学术界的注意。至少在万事达需要卡对卡转账的 Mondex 设备上，卡余额被看做 21 世纪版的 19 世纪银行券：持卡人的债权流通没有经过任何银行间清算系统。如果发行有利可图，这种余额可以是中央银行所发行货币非常近似的替代物。

美联储的研究评论指出，储值卡“最出名的是礼品卡用途，作为礼物凭证的代替”，同时“也被用做工资、奖励、保险、退款和其他用途”（美联储，2002b，70）。与维萨现金和万事达 Mondex 等通用卡不同，礼品凭证卡仅在单一的零售连锁店使用。

Godschalk 和 Krueger（2000，6）令人信服地认为，发行数字无记名余额（例如在嵌入式“智能”芯片卡上）似乎无利可图。无记名电子货币加密软件的先行者 DigiCash 公司于 1998 年破产；CyberCash 公司也同样于 2001 年破产。[20]德国的银行曾送出几百万张能够储存现金余额的卡，却发现公众很少在使用。也没有其他技术平台如个人计算机被证明在用做电子用途时备受欢迎：

> 没有哪个电子货币发行者有明确的商业案例。欧洲大多数电子钱包出局后都有马后炮的感觉。即使在德国有银行大量免费分发芯片卡电子钱包（超过 5 000 万张 GeldKarten），电子钱包装载的货币量仍停滞在货币供应总量 M1 的不足 0.01% 的水平。尽管电子商务在世界范围内蓬勃发展，但对于我们常见的基于软件的电子货币产品如电子现金，也只有很少的试点项目（如德意志银行）。

正如 Kevin P. Sheehan（1998，4）所评价的：“电子现金试点表明技术是成熟的，但也表明在多数情况下消费者需求是匮乏的。”

对消费者来说，信用卡和借记卡已经能够提供便利的非现金支付，而且没有明显的交易手续费。信用卡允许消费者借钱或享受免息期，借记卡让其从存款余额支付从而可以赚取利息直到支出那一刻。[21]迄今为止，最成功的预付芯片卡余额的细分市场定位是将其作为无人销售点交易的硬币替代物，例如公共交通系统、停车计时器和洗衣店。[22]非银行机构，如公共交通系统，一直是最成功的发行者。此类用途意味着每张卡余额很小，也意味着发行者有较小的“占款”。例如卡的平均余额为 10 美元，年息 4%，对发行者来说，每张卡仅产生 0.40 美元占款收益，不足以覆盖发行和维持卡组织的平均成本。据说单张卡的成本约 2.50 美元。[23]公共交通系统可以发行一种发行成本接近零的智能公交卡以取代相对昂贵的收费系统，[24]不过银行找不到一种成本接近零的类似现金卡，除非它能够收取足够多的每次交易费用。然而，交易费用越高，作为现金替代品的卡对消费者的吸引力越小。

缺乏明显的盈利，大概是经过 20 世纪 90 年代后期的测试营销试验（例如 1996 年亚特兰大奥运会上的维萨现金；1998 年 Mondex 在纽约长岛的汉堡王餐厅；1997—1998 年在曼哈顿上西城的联合试验）后，很少听到维萨现金或 Mondex 的原因吧。据说 2003 年万事达推行了“400 多个智能卡工程”，但是多数不涉及货币余额，而是储存诸如忠诚度积分、活动门票和个人数据等信息。[25]

互联网货币——美联储研究认为其特点是“打算在网上去花费”——大概是指现在已废弃的类似 Beenz 和 Flooz 之类的架构。当前属于这一类的初创公司包括 Peppercoin（http：//corp. peppercoin. com/）和 BitPass（http：//www. bitpass. com/learn/）的微支付系统。这些系统的发起人都希望付费下载音乐网站是微支付的“杀手级应用”。不同于 Beenz 和 Flooz，Peppercoin 和 BitPass 不涉及专有账户单位，其支付以美元计价。因此它们也可以被归类为 P2P 系统（类似于贝宝，只是其模拟匿名现金，而不是存款转账）或相当于预付卡余额的在线版本。在作为预付卡的情况下，仅限于小额支付的互联网货币不会对货币政策构成挑战。

此外，也有不以美元为基础的互联网货币：基于黄金的系统如 e - gold. com 和 GoldMoney. com。两者都提供黄金所有权账户，以克黄金计价，可以联机转移账户余额（与贝宝一样，这个服务允许向任何有电子邮件地址的人转账，如果接收者没有账户，将会给他新建一个账户）。目前 e－gold 宣称其有 732 000 个以黄金计价的账户（贝宝有 4 500 万个账户）。最近每天处理 25 000 笔支出交易，合计 136 千克，如果以每克黄金 12.815 美元计算，总金额达 174 万美元（PayPal 每天 4 700 万美元）。市场并没有一窝蜂转向 e－gold 或实体黄金银行，因为货币标准具有众所周知的网络属性（或潜在竞争者视角的“临界点”问题）：那些打算在互联网（或城镇附近）消费黄金计价账户余额的客户会发现，只有很少的店铺愿意接受其支付。只要网络规模不大，那些愿意接受 e－gold 的用户加入网络的动力就会较弱，从而网络的较小规模是自我延续的。[26]

新货币标准的惯性障碍可以被高通胀克服，后者使得现行标准使用成本高企：最近几十年来，一些使用比索和卢布的国家长期的高通胀，导致了自发的“美元化”，即美元替代本国货币。基于黄金的支付对美元自发替代的合理方案同样是预计美元高通胀将会持续。在高通胀情况下，基于黄金（或基于欧元，或基于瑞士法郎）的美元支付替代物的可获得性将会放大持有美元的需求价格弹性，从而加剧美联储的问题。但是，这也意味着可获得性起到激励美联储避免高通胀的有益作用（从公众角度看）。只要美联储担负起避免高通胀的责任，基于黄金的支付系统的可获得性就不会严重削弱持有基础美元的需求，从而不会威胁到美联储实施货币政策的能力。

电话支付已经接收了卡基支付所丢失的大部分新技术“口碑因素”。许多不同的模型被讨论和用于市场测试，多数都在美国以外。尽管在美国的发展没有明显的法律障碍，但美国移动电话的渗透率还是略低。

维萨国际与飞利浦电子拥有一家合资公司，专门给移动电话装配芯片以使其能在无人值守的销售点进行小额支付和信用卡交易。[27]类似地，来自匈牙利的财团 SEMOPS（www.semops.com）针对安全移动支付系统，正在研发一个用于移动销售点支付的系统，使得消费者在商店繁忙时不需排队等待。这些方案提供了“前端”入口以建立信用卡系统，而不是全新的支付系统（“后台”依然没变）。

PhonePaid 是一家英国服务商，可以通过网络或拨打免费服务电话并按提示操作进行访问，这看起来似乎是仿照贝宝。在向某人支付时，需要对方的移动电话号码（而不是像贝宝一样使用电子邮件地址）。[28]作为 P2P 系统的替代方案，PhonePaid 的出现对货币政策的影响与贝宝完全相同。

英国电信公司 Vodafone 推出了“m - pay”，这是一个“允许 Vodafone 客户通过其电话账户进行远程小额支付（从 5 便士到 5 英镑）”的系统。商家需要 m - pay 的硬件设备以接收小额支付。客户每个月的支付体现在其月度电话费账单上。[29]这样的系统代表了一个潜在的重要创新，因为其将电话公司转变为支付服务供应商，成为银行和信用卡网络的直接竞争者。其不仅是存款转账和信用卡的替代物，也是现金支付的替代物。

与历史上出现的私营银行券发行者相互之间按面额承兑类似，移动支付供应商已经在讨论硬件互操作协议，以便扩大接受面。[30]如果他们能让任意收款人选择贷记其自身任何一家电信公司的移动账户（对其更有利的是对付款方电信公司的要求权，从而能进一步扩大接受面），那么参与的电信公司将会发现为移动支付组建一个跨电信公司清算所会更方便。只要有净支付流入的客户选择持有正的移动账户余额（而不需要在月末转到银行账户），电话计费系统就成为一个并行的存款转账系统。

1.4　总结

美国和欧洲的支付系统创新继续（几个世纪以来都如此）推动使用其他支付媒介替代对基础货币的直接使用。虽然没有明显的革命性变化，但相对于交易量和更广义货币需求总量而言，对中央银行货币的实际需求依然可能萎缩。虽然美国在某些方面没有明显趋势，但中央银行所发行存款负债作为银行间资金流结算媒介的作用可能会受到挑战。正如在别处所讨论过的（Selgin 和 White，2002，147 - 54），中央银行影响名义变量的能力与其资产负债表规模是不成比例的。无论好坏，中央银行资产负债表的萎缩都将不会引领一个货币政策没有效果的新时代。

参考文献

Anderson，R. G. and Rasche，R. H. （2001）“Retail Sweep Programs and Bank Reserves，1994 – 1999”，*Federal Reserve Bank of St. Louis Review* (January/February)：51 – 72.

Bass，T. A. （1996）“The Future of Money”，*Wired* 4. 10. http：//www. wired. com/wired/archive/4. 10/wriston. html （accessed 5 November 1996）.

Bank of International Settlements (1996) *Implications for Central Banks of the Development of Digital Money*，Basel：Bank of International Settlements.

Brunner，K. and Meltzer，A. H. （1990） “Money Supply”，in B. M. Friedman，F. Hahn (eds) *Handbook of Monetary Economics*，Vol. 1，Amsterdam：North – Holland，357 – 98.

Cronin，D. and Dowd，K. D. （2001）“Does Monetary Policy Have a Future?” *Cato Journal*，21：227 – 44.

Davis，C. （2002） “EFT Networks Push for Debit on the Internet”，*Electronic Payments International* （27 November）. http：//www. cashedge. com/ce/about/news_112702_epi. html. （accessed 30 November 2004）.

Duca，J. V. and Whitesell，W. C. （1995） “Credit Cards and Money Demand：A Cross Sectional Study”，*Journal of Money，Credit，and Banking*，27：604 – 23.

Electronic Payments Network (2002) “Fair Competition in the Automated Clearing House Payments System：A Private Sector ACH Operator Perspective” （18 December） http：//www. epaynetwork. com/infofiles/EPN_Fair_Competition_in_ACH_12_2002. pdf (accessed 30 November 2004）.

Federal Reserve System (2002b) “Retail Payments Research Project：A Snapshot of the U. S. Payments Landscape”，http：//www. frbservices. org/Retail/pdf/RetailPaymentsResearchProject. pdf (accessed 30 November 2004）.

Federal Reserve System (2003) *90th Annual Report to Congress*, Washington, D. C. http://www.federalreserve.gov/ boarddocs/rptcongress/annual03/ar03.pdf (accessed 30 November 2004).

Friedman, B. (1999) "The Future of Monetary Policy", *International Finance*, 2: 321 – 28.

Godschalk, H. and Krueger, M. (2000) "Why E – money Still Fails: Chances of E – Money Within a Competitive Payment Instrument Market", paper prepared for the Third Berlin Internet Economics Workshop, May, Berlin.

Gowrisankaran, G. and Stavins, J. (2004) "Network Externalities and Technology Adoption: Lessons from Electronic Payments", *RAND Journal of Economics*, 35: 260 – 76.

Hafer, R. W. and Wheelock, D. C. (2001) "The Rise and Fall of a Policy Rule: Monetarism at the St. Louis Fed, 1968 – 1986", *St. Louis Federal Reserve Bank Review* (January/February): 1 – 24.

Herd, M. (2001) "Federal Reserve Check Volume Decreases, ACH Volume Continues to Rise", NACHA news release (2 August), http://www.nacha.org/news/Stats/Federal_Reserve_Check_Volume_Decreases_ – _2000.doc (accessed 30 November 2004).

King, M. (1999) "Challenges for Monetary Policy: New and Old", *in New Challenges for Monetary Policy*, Kansas City: Federal Reserve Bank of Kansas City: 11 – 57.

Lonie, S. (2003) "A Year in the Life of M – Pay", http://www.chyp.com/PubWebFiles/DigMoney/6_2003/SusieLonie.pdf (accessed 30 November 2004).

MasterCard International (2004) "Building a Global Brand" http://www.mastercardbrand – center.com/mcbrand/index.jsp? screen_name = aboutOurBrandsHistoryGlobal (accessed 30 November 2004).

McCullagh, D. (2001) "Digging Those Digicash Blues", Wired News (14 June). http://www.wired.com/news/exec/0, 1370, 44507, 00.html (accessed 30 November 2004).

McGuire, B. (2004) "Delivering Payments Value Online: CHIPS Ventures into Web – Based Management Services", Tower Group ViewPoint 73 (January) http://www.chips.org/infofiles/CHIPS_Tower_Group_Jan_2004.pdf (accessed 30 November 2004).

Mobile Payment Forum (2002) "Enabling Secure, Interoperable, and User – friendly Mobile Payments", White Paper http://www.mobilepaymentforum.org/pdfs/mpf_whitepaper.pdf (accessed 30 November 2004).

Rasche, R. H. (1993) "Monetary Aggregates, Monetary Policy and Economic Activity", *Federal Reserve Bank of St. Louis Review*, 75: 1 – 35.

Roseman, L. (2003) "Letter to George Thomas of EPN" (17 January) http://www.epaynetwork.com/infofiles/EPN_FRB_Response.pdf (accessed 30 November 2004).

Rotemberg, J. J. (1993) "Commentary [on Rasche 1993]", *Federal Reserve Bank of St. Louis Review*, 75: 36 – 41.

Schmitz, S. W. (2002) "The Institutional Character of Electronic Money Schemes: Redeemability and the Unit of Account", in M. Latzer and S. W. Schmitz (eds) *Carl Menger and the Evolution of Payment Systems: From Barter to Electronic Money*, Cheltenham: Edward Elgar, 159 – 83.

Selgin, G. and White, L. H. (2002) "Mengerian Perspectives on the Future of Money", in M. Latzer and Schmitz, S. W. (eds) *Carl Menger and the Evolution of Payment Systems: From Barter to Electronic Money*, Cheltenham: Edward Elgar, 133 – 58.

Sheehan, K. P. (1998) "Electronic Cash", *FDIC Banking Review*, (Summer): 1 – 8.

Sisk, M. (2004) "The Rush to Fill c2it's Void", *Bank Technology News* (February). http://www.electronicbanker.com/cgi – bin/readstory.pl? story = 20040202BTNB311.xml %0D%0A (accessed 30 November 2004).

Visa USA (2004), "Who We Are: History", http://usa.visa.com/personal/about_visa/who/who_we_are_history.html (accessed 30 November 2004).

Wallace, N. (1983) "A Legal Restrictions Theory of the Demand for 'Money' and the Role of Monetary Policy", *Federal Reserve Bank of Minneapolis Quarterly Review*, 7: 1 -7.

White, L. H. (1987) "Accounting for Non - Interest - Bearing Currency: A Critique of the Legal Restrictions Theory", *Journal of Money, Credit, and Banking*, 19: 448 -56.

Yoo, P. S. (1998) "Still Charging: The Growth of Credit Card Debt Between 1992 and 1995", *Federal Reserve Bank of St. Louis Review* (January/February): 19 -27.

注释

1 在美国，两种类型的联储负债也都用于满足商业银行活期存款的法定准备金要求。通过将活期存款算入没有准备金要求的其他负债之中，美国的银行在过去十多年里显著降低了法定准备金要求，并使得这一要求实际上变得不具有约束力了（Anderson 和 Rosche，2001）。许多银行现在更倾向于仅通过持有用于满足客户支票变现和 ATM 提款需求的联储现钞来满足其准备金要求。

2 Wallace（1983）和 White（1987）。

3 在 2003 年 Jackson Hole 会议上，决策者们最为关心的不确定性是实际产出和"潜在产出"之间缺口规模的不确定性。

4 MasterCard International（2004），Visa USA（2004）。

5 关于货币流通速度趋势被打破对货币政策考量影响的讨论，参见 Hafer 和 Wheelock（2001）。

6 清算所（The Clearing House），前身为纽约清算所协会（New York Clearing House Association，NYCHA），是由纽约银行、荷兰银行、美国银行、德意志银行、汇丰银行、花旗银行、富国银行、第一银行、摩根大通、美联银行和 Fleet 银行共同拥有的。

7 http://www.federalreserve.gov/paymentsystems/fedwire/default.htm。

8 http://www.federalreserve.gov/paymentsystems/coreprinciples/default.htm。

9 参见 McGuire（2004，1）和 http://www.chips.org/about.php。

10 联邦储备体系（2002b，12）估计其清算了41%在美国签发的纸质支票，接近400亿张。其他清算途径是“自我交易”，即行内清算（29%）、通过清算所（18%）、同日结算（6%）、财政/邮政货币指令（1%）及其他（5%）。

11 联邦储备体系（2003，73）。

12 参见 Davis（2002）。

13 参见 Davis（2002）。

14 电子支付网络（2002，7）。

15 区域支付协会——例如西部支付联盟、西南自动清算所协会、南部支付交换所——在其ACH业务上支持和代表商业银行，但自己并不处理支付。

16 Herd（2001）和 Roseman（2003）。

17 http://www.epaynews.com/statistics/transactions.html；www.epaynews.com 存档（2004年5月4日和2004年4月23日）。

18 http://www.paypal.com/cgi-bin/webscr?cmd=p/gen/ua/ua-outside。

19 在2001年的一次采访中（http://www.efinanceinsider.com/email31501.html），贝宝的联合发起人和首席执行官 Peter Theil 说贝宝有意避免成为一家银行是为了规避银行监管：“我们90%是一家支付企业，而可能有10%像一家银行。我们不像银行那样受管制，因为我们不缴纳FDIC保险，但相应地我们的监管负担也要小得多。我们相当确定要待在银行业规则的另一边。我们花了大量时间来观察我们是否应该成为一家银行——我们甚至可选择在秋天获得一张银行牌照，但由于监管成本问题和意识到支付领域对人们最有价值，我们决定不这样做。”

20 同样参见 McCullagh（2001）。

21 零售商使用信用卡和借记卡（一般3%左右）要比使用预付卡（一般低于1%）面临更高的交易处理费用，但基于某些原因，零售商很少为使用更便宜支付方式的消费者提供折扣。这导致消费者没有激励偏好预付卡。

22 Godschalk 和 Krueger（2000，17）。

23 http://www.cardtechnology.com/cgi-bin/readstory.pl?story=20040301CTDN623.xml。

24 作为对公交卡自动销售机收缴纸币和硬币的替代，芝加哥交通管理局现在提供带“自动充值”功能的“预付智能公交卡”，其中通勤者授权芝加哥交通管理局在需要时通过通勤者的信用卡或借记其银行账户来为交通卡充值。http://www.cardtechnology.com/cgi-bin/readstory.pl?story=20040108CTDN004.xml。

25 http://www.cardtechnology.com/cgi-bin/readstory.pl?story=20040303CTDN652.xml。

26 Schmitz（2002）讨论了在电子货币体系背景下网络效应对占优会计单位的

强化。

27 http://www.cardtechnology.com/cgi-bin/readstory.pl? story=20040109CTDN020.xml。

28 http://www.phonepaid.com/home/home.htm。

29 Lonie（2003，5）。

30 移动支付论坛（2002）。

2. 货币政策实施视角的支付体系

Ulrich Bindseil 和 Flemming Würtz

当我们第一次看到 Larry White 的论文题目“1945 年以来美国的支付体系创新及其对货币政策的影响”时，就被邀请参加讨论。我们渴望得到论文的第一稿，看看他能找到什么论据来证实这样的影响。因为坚信这样的影响并不存在，所以我们准备好了一场激烈的争论。当我们看了论文后，我们几乎失望地看到，Larry White 根本没有设法证明这种关系，而“只是”写了一篇完美的关于支付系统发展和推测的调查报告，并在此基础上，研究了其今后对货币政策可能产生的影响。从这个调查中我们学到了很多，并没有资格对此进行评论。因此，我们将尝试详细说明所提出的论点，除非 Larry White 用原来的题目重写论文。也就是说，我们将详细解释为什么我们认为至少过去60 年的支付系统创新在美国（或其他工业化国家）对货币政策没有相应影响。在第 2. 1 节阐述这些以后，第 2. 2 节将着眼于支付系统对货币政策日常实施实践的影响，而不会去判断其对货币政策某个基本方法的影响。第 2. 3 节将简要回顾一个热门的话题，即如果纸币消失，中央银行会发生什么。最后 2. 4 节作简要总结。

2. 1　20 世纪支付体系变迁与美国货币政策变化之间的无关性

Bindseil（2004a，2004b）认为，即一定的货币量，而不是短期利率，构成了货币政策日常的操作性目标，1920 年到 1990 年前后的美国官方货币政策实施原则受到这种理念的影响，这在 1920 年以前闻所未闻，如今则再次被所有中央银行所拒绝。根据这个以数量为重点的观点，货币政策将从公开市场操作开始，通过货币乘数效应，对银行的准备金持有量（或基础货币）产生影响，等等。利率在这个体系中没有任何作用。Goodfriend（2003）和 Bindseil（2004a）认为这种错误观点的根源在于美联储试图掩盖其对第二次世界大战期间通货膨胀和 1920 年通货紧缩之后经济衰退的责任。当时美联储对财政部缺乏独立性，与大多数其他在战争时期的中央银行一样，没有按所建议的那样将提高利率作为严格的货币政策考量。使得这段时期对于美联储而言如此非同寻常，并与第一次世界大战和 20 世纪 20 年代早期其他国家货币史区分开来的，是在事后赋予的合理性，即美联储前六年通货膨胀的原因并不是货币当局没能在财政部的压力下提高短期利率，而是银行通过贴现窗口的过度借贷，过低的政策利率不是问题，问题出在数量本身，好像后者并不受到利率影响似的。这种模式的转换似乎正是发生在 1920 年左右。两个主要的事件似乎可以解释发生在 1920 年的这种转换：（ⅰ）前面提到的开始于 1920 年 11 月的货币政策紧缩及其对经济活动的重大影响；（ⅱ）一个学术事件，即由美国人 C. A. Philipps（1920）发明的货币乘数。因此，可以将“准备金头寸学说（Reserve Position Doctrine，RPD）”的诞生追溯到这一年。

20 世纪美国官方货币政策实施手段的变化可以分为如下几个主要时间段：[1]

1920—1930 年：这一时期的特征在于 RPD 以“借入准备金目标”的形式出现，其应用也非那么教条主义。在 20 世纪 20 年代前期美联储年度报告完全禁止讨论贴现率的适度水平之后，公开市场操作和贴现率设定重新在年度报告中同时被提及并作为主要政策目标。尽管如此，短期利率并没有负起明确的责任，贴现率经常被认为随市场利率而变化。

1931—1952 年：在此期间，美联储倾向于使市场充斥大量的超额准备金，使得货币市场利率几乎接近零（并反映了显著的信用风险）。Friedman 和 Schwartz（1963）认为美联储 20 世纪 30 年代期间的超额准备金政策过于严格。根据这一观点，美联储应致力于收缩货币总量，并关注货币乘数和 RPD，这样就可以很容易避免出现这样的错误。

1952—1970 年：这一时期美联储的官方解决办法是“自由准备金目标”，即超额准备金减去借入准备金的目标。实际做法是折中的，既考虑货币状况的测度，也考虑工具的使用。年度报告提供的证据表明，调整准备金要求、公开市场操作和调整贴现率都被有效使用，其中贴现率通常表现为追随市场利率，而不是引导市场利率。

1970—1979 年：20 世纪 60 年代末以后，联邦基金利率成为越来越重要的货币政策指标。尤其是 1974 年到 1979 年，美联储隐性地确定了一个联邦基金利率水平，只要联邦基金利率脱离了一个非常窄的区间，美联储就会干预市场。[2]

1979—1982 年：1979 年，保罗·沃尔克成为美联储主席，他认为 20 世纪 70 年代大多数时间两位数水平的通货膨胀率需要终止。美联储的结论是，已经到了采取货币主义方法的时刻，同时在日常货币政策实施中用 RPD 目标取代利率目标也是非常重要的。RPD 目标在这个时期被定义为“非借入准备金”，即银行持有的准备金减去从贴现窗口借入的准备金。尽管 Axilrod 和 Lindsey（1981）为 1979—1982 年的方法提供了正式的科学论证，但今天依然很难重构当时确切的做法。Strongin（1995，475）称：

> 非借入准备金目标是美联储使用过的准备金操作流程中最复杂的一个，它持续的时间最短……联邦储备体系内部关于这些流程如何有效实施的大量争论仍在继续。

如今对沃尔克时代的看法是有分歧的。有些人，如 Goodhart（2001）和 Mishkin（2004）认为全部做法只是为了避免美联储为采取必要的强有力加息政策以降低通货膨胀率以及由此带来的失业率高涨等相关经济影响负责。用 Goodhart（2001）的话来说，这一时期，“如果被正确分析，表明了美联储仍在沿用利率作为其基本运作模式，即使其行为被掩盖在基础货币控制的面具之下……这有一定的表演甚至欺骗成分……”沃尔克创造的“烟幕弹”仅仅是在不完善的中央银行独立性条件下结束通货膨胀的必要条件。

1982—1989 年："借入准备金目标"时代极有可能是试图从数量型操作目标撤退，而又不公开承认。这可能意味着实际上又重新将注意力毫不含糊地集中于利率。美联储试图在一个一致的 RPD 框架内证明借入准备金目标的合理性似乎是在误导。

1994 年至今：1994 年，向联邦基金利率目标的逐步转移得以最终完成。每次 FOMC 会议后，都会宣布关于联邦基金目标利率的决策。这即使是在 1974 年至 1979 年的利率目标时期都没有实施。1998 年，作为联邦公开市场委员会会议记录一部分的"国内政策指令"第一次引用了联邦基金目标利率，而没有引用"准备金压力"这一模糊概念。

我们不会看到任何这些变化是由于支付系统或一般金融市场的变化所引起的。我们也赞同 Goodhart 的观点，实际上美联储在日常操作中从未真正无视短期利率——也因为这会导致短期利率的极端波动，而这并不符合那些想以可控方式影响经济决策的中央银行的利益。[3]

显然，美联储已经在多个场合对这些变化做了解释，看看以下两个例子：

Goldenweiser（1925，46）将美联储没有复制英格兰银行已发展很好的利率盯住系统归咎于并不明确的金融和制度差异：

> 结论……是：虽然美国的银行业情况和业务实践与英国很相似，但在货币市场性质和英格兰银行所提供服务特征上的显著差异，使得美国银行业不可能跟随英国银行业的先行者。

即便以数量为主的时期已经告一段落，美联储仍于 1994 年（Board of Governors，1994）解释说：

> 一般而言，没有一种货币政策实施方法能在所有经济环境下都令人满意……如果经济金融形势能保证对货币总量的严密控制，就应该更强调通过相当严格的准备金目标来引导公开市场操作。在其他情况下，采用更灵活的方式来管理准备金可能是必需的。

对这些关系的详细说明，也可以用来详细阐述支付系统可能发挥的作用，但据我们所知并没有人这么做。事实上控制短期利率作为操作目标在1914年之前适用于所有的中央银行，如今它又被所有中央银行使用，而不管金融和经济环境的变化（很少例外!），而且在不断变化的经济条件下，美联储1990年以来一直在不断地使用它，让我们对这一解释表示怀疑。不用说，尤其是支付体系在不同时期和不同国家之间是有极大差异的。

2.2 支付体系对日常货币政策实施的影响

虽然上面阐述了支付体系的问题无法解释美联储（或其他中央银行）货币政策实施方法的变化，但我们现在仍将从技术层面更加密切地关注在实践中支付体系所发挥的作用。为此，我们首先需要简单看看货币政策在实际中是如何实施的。

表2.1　　模型中所用变量的定义

M	公开市场操作的未偿还数量，净额为中央银行资产负债表内的资产
A	自主流动性因子，净额为中央银行资产负债表内的负债（实际上是除了M、B、D、R外所有的中央银行资产负债表内项目）
B，D	分别为对借款和存款便利的追索
R	商业银行在中央银行持有的准备金
RR	维持期内要求商业银行在中央银行持有的平均准备金水平
$\overline{X}$	对于任何央行资产负债表量X，T日准备金维持期内的平均值
i_t	准备金维持期第t日的隔夜同业拆借利率，$t=1, \cdots, T$
i_B	准备金维持期期末借款便利利率（如贴现业务）
i_D	准备金维持期期末存款便利利率（$i_D < i_B$）。没有存款便利相当于存款利率为0，$i_D=0$

表2.2　　简化的中央银行资产负债表

M（公开市场操作）	A（自主因子）
B（借款便利的使用）	D（存款便利的使用） R（准备金持有）

货币政策的实际实施

将表 2.1 的符号用于一个简单的货币政策实施模型。[4]

根据上面指明的数量关系，可以得出简化的中央银行资产负债（见表 2.2）。

中央银行的资产负债表恒等式（“资产 = 负债”）可以相应表示为 $M+B=A+D+R$。假设在准备金维持期的剩余部分，自主因子或通过公开市场操作的流动性供给不存在不确定性，也就是说在此期限内没有任何关于隔夜利率相关因素的新消息出现。同时为简化而假定，银行同业市场是完美的，均值要求在准备金维持期全程完美运作，且没有对营运余额的需求（即 $\overline{R}=\overline{RR}$）。在这种情况下，准备金维持期内不同日期的准备金持有可以完全替代，且在准备金维持期内遵循中央银行资产负债表的恒等式 $\overline{B}-\overline{D}=\overline{RR}-\overline{M}+\overline{A}$，同时有 $\overline{B}>0$，$\overline{D}=0$，或 $\overline{D}>0$，$\overline{B}=0$。也就是说，一般存在对两种常备融资便利中一种的总追索权。在准备金维持期末存在对某种常备融资便利的一个确定总追索权意味着市场竞争性价格应该是与各自的常备融资利率相对应的，因为该利率代表了维持期结束时准备金的边际价值。该市场利率在整个准备金维持期与其中一种常备融资利率相对应的属性可以表示如下：

$$\overline{M}>\overline{A}+\overline{RR}\Rightarrow(\overline{B}=0;\overline{D}=\overline{M}-\overline{A}-\overline{RR};i_1=i_2=\cdots=i_T=i_D)$$

$$\overline{M}<\overline{A}+\overline{RR}\Rightarrow(\overline{B}=\overline{A}+\overline{RR}-\overline{M};\overline{D}=0;i_1=i_2=\cdots=i_T=i_B)\quad(1)$$

现在可以考虑流动性供给和常备便利利率存在不确定性这一更为有趣的相关情况。假设货币市场参与者在每个市场时段 $t=1\cdots T$ 拥有同质的信息集 I_t。上面所假设的数量和价格（隔夜利率）之间的基本关系（特别是完美银行同业市场和平均值中的一个）可以由下面的等式描述，其中 $f_{(\overline{M}-\overline{A}-\overline{RR}\mid I_t)}$ 是交易时段 t 内货币市场参与者分配给随机变量 $\overline{M}-\overline{A}-\overline{RR}$ 的概率密度函数：

$$\forall_t=1\cdots T:i_t=E[i_B\mid I_t]P(\overline{M}-\overline{A}-\overline{RR}<0\mid I_t)$$
$$+E[i_D\mid I_t]P(\overline{M}-\overline{A}-\overline{RR}>0\mid I_t)$$

$$= E[i_B \mid I_t] \int_{-\infty}^{0} f_{(\bar{M}-\bar{A}-\overline{RR} \mid I_t)}(x)\,dx$$

$$+ E[i_D \mid I_t]\left(1 - \int_{0}^{\infty} f_{(\bar{M}-\bar{A}-\overline{RR} \mid I_t)}(x)\,dx\right) \quad (2)$$

换句话说，任何一天的隔夜利率将对应这两种常备便利的加权期望利率，其权重为维持期末追偿常备便利之前市场分别为准备金多头和空头的概率。此表达式可被视为货币政策执行的基本公式。从模型得出，支付系统对隔夜利率的影响是通过影响准备金维持期内商业银行在中央银行的累积准备金头寸实现的。因此，中央银行可以通过公开市场操作（M）来控制准备金，进而得以完全操控隔夜利率。

那么现在支付系统在哪儿发挥作用呢？逐一考虑如下四个问题。

1. 支付系统和自主因子：纸币现钞（banknotes）和浮存资金（float）

首先，支付系统直接影响中央银行资产负债表的两个自主因子：纸币现钞和浮存资金。

图 2.1　1999 年 1 月至 2004 年 10 月欧元体系中的纸币现钞

纸币现钞通常是中央银行资产负债表上最大的单项之一。长期以来，经济学家纷纷猜测纸币现钞的消失对货币政策意味着什么（见最后一部分）。图 2.1 展示了 1999 年 1 月至 2004 年 10 月欧元纸币现钞的流通情况，表明此类考虑在可预见的未来仍然无关紧要。纸币现钞表现出相当有规律的每周、每月和每季模式。这些模式反映了社会习惯，如周末前取现、支付薪水、夏季假期和圣诞节购物。此外，这个序列呈现出上升的总趋势，只是在欧元纸币于 2002 年初推出时有暂时的扭转。

纸币时间序列的规律表明需要一种计量经济预测方法。传统上，中央银行已经采用非正式方法（图表、寻找过去的类似情况、简单的微积分）和计量经济预测。纸币现钞的预测水平，与任何其他自主因子的预测一样，影响公开市场操作的适宜量，而纸币现钞的预测失误可能意味着货币市场的暂时失衡，同时短期利率偏离目标利率。

结算项（支付系统的“浮存资金”）：支付系统浮存资金是中央银行处理相关银行间支付时没有同步贷记和借记商业银行账户所造成的。它既可以是提供流动性（出现在中央银行资产负债表的资产方），也可以是抽取流动性（出现在资产负债表的负债方）。例如，支票在被借记之前被贷记就是注入流动性（创建资产端浮存资金）。与此相反，转账（如果有的话）则产生相反的效果。因此，浮存资金的相关性取决于支付系统的规范。在欧元区，大多数国家的中央银行没有出现任何浮存资金，而且浮存资金产生的整体波动性也有限（见图 2.2）。在美国，由于支票支付的持续普及，浮存资金仍然是准备金供给冲击相当重要的来源。[5] 再者，如任何其他自主因子一样，浮存资金的预测将体现在公开市场操作的校准上，预测误差将对短期利率产生影响。

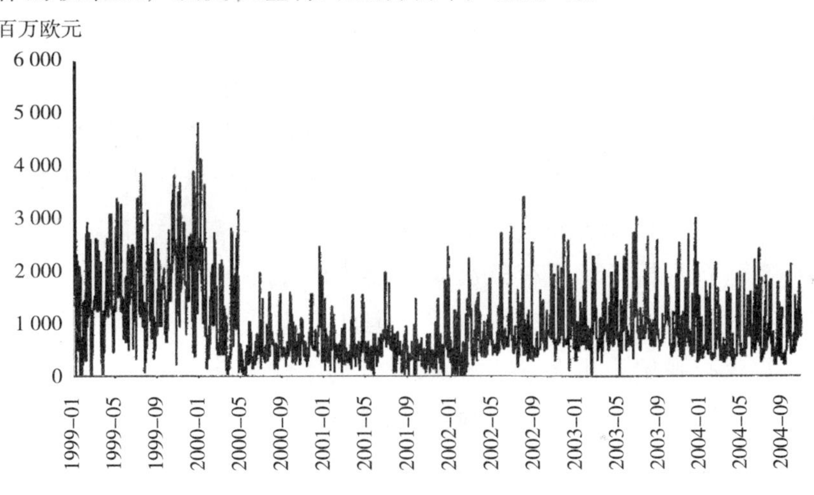

图 2.2　1999 年 1 月至 2004 年 10 月欧元体系结算项

2. 源于支付体系的不确定性

在前面给出的简化模型中，我们假定存在完美银行同业市场且没有营运余额需求。这也就是说，银行自己在中央银行的日终准备金头寸不存在任何不确定性。我们假定存在的唯一不确定性因素是中央银行资产负债表中自主因子的总水平。这当然是一个不切实际的假设。事实上，单个银行对其日终准备金头寸不确定性的暴露是很显著的。这些不确定性很大程度上来自支付系统的结构。银行不能确切地知道其在这些系统中的净头寸，这些系统的发展进一步增强了银行为其客户提供在当日等额存取流动资金的可能性，从而进一步增加了银行日终准备金头寸的不确定性。日终准备金的不确定性意味着在现实中银行更愿意持有在中央银行的营运余额，以“缓冲”不可预见的支付。这可以被看做中央银行采取多种方法调控隔夜利率的外生影响因子，如下对此作简要讨论。

首先，它会影响中央银行的货币政策实施操作框架的优化布局；其次，这意味着另一种流动性需求，即所谓的超额准备金，中央银行同样需要考虑其对总流动性条件的影响；最后，它影响隔夜拆借利率的动态水平。

（1）中央银行操作框架的布局

商业银行对营运余额的需求一般是由中央银行存款准备金要求制度的平均条款所推动的。有了这个平均方案，商业银行可以在很大程度上不承担任何成本，仅通过将一天的存款准备金持有置换为另一天的准备金持有来缓冲流动性冲击。然而，如果在准备金维持期内某天总的可用准备金低于对营运余额的总需求，隔夜利率将会提高到融资便利利率，除非中央银行进行干预。存款准备金要求的水平越高、准备金的日常波动越小，这种情况就越不容易发生。因此，银行日终头寸的不确定性会影响中央银行在给定准备金要求水平上的干预频率（反之亦然）。基于这一考虑，欧元体系选择了比较高的准备金水平——大概为联邦储备体系的10倍。由于此以及月平均周期，欧洲中央银行不用频繁地调整银行系统的准备金头寸——通常每周只需要一次。相反地，美联储的干预是以每日为基础的，因为在美国准备金要求所提供的缓冲过低，无法平滑自主因子的冲击和营运余额需求的波动。[6]

（2）超额准备金

在维持期的最后一天，银行已不可能再以零成本通过其持有的准备金来缓冲流动性冲击，因为其准备金要求在当天是绑定的。尽管如此，在维持期的最后一天，银行依然还是暴露于其日终流动性头寸的不确定性，而且为了避免由于不遵守准备金要求而受到处罚，其宁愿承担持有无偿超额准备金的成本，也就是说，在要求的准备金基础上持有超额准备金。对于欧元体系，[7] 图 2.3 揭示了在欧元最初的三年半时间里每个准备金维持期内超额准备金的平均金额。

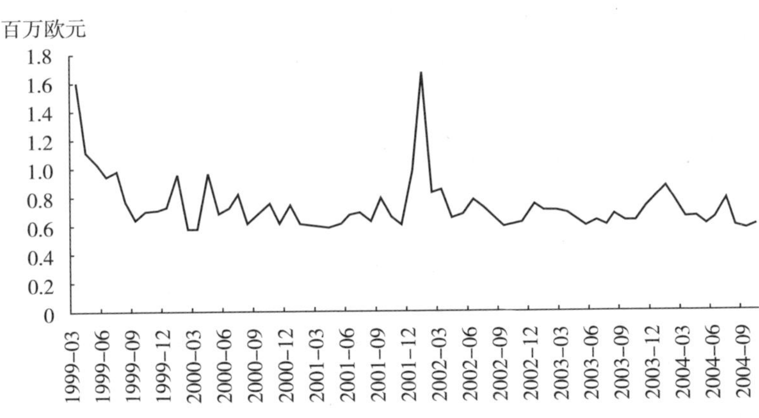

图 2.3　1999 年 3 月至 2004 年 10 月每个准备金维持期超额准备金平均值

每个维持期内超额准备金的平均期望值为 70 700 万欧元，标准差为 3 400 万欧元。期内最小值为 43 700 万欧元（在 1999 年 9 月 23 日结束的维持期内），而最大值为 166 800 万欧元。呈现的另一种模式是周末结束的维持期也表现出高于平均水平的超额准备金。事实上，从货币联盟开始直到 2002 年 5 月，在周日结束的准备金维持期内的日均超额存款准备金金额为 87 700 万欧元，而在所有其他准备金维持期的相应金额为 67 400万欧元（不包括 1999 年的前三个维持期）。如图 2.4 所示，每日超额准备金的跨准备金维持期演变在每个维持期呈现出类似的模式，即在期间开始时维持一个较低水平，然后在最后几日急剧增加。

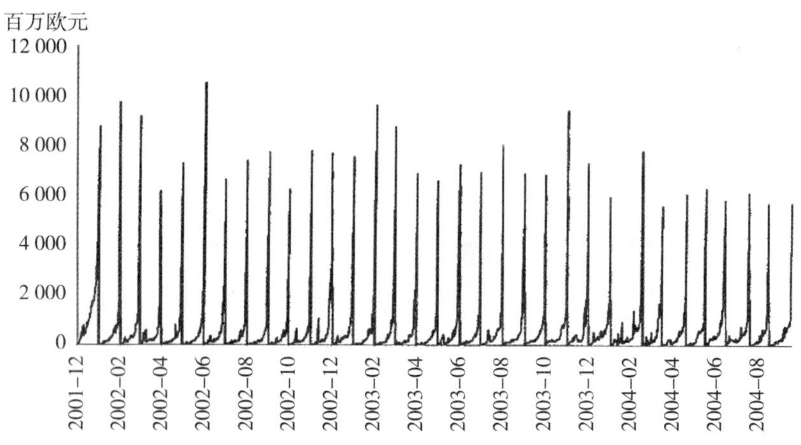

图 2.4 2001 年 12 月 24 日至 2004 年 10 月 22 日欧元区的超额准备金

每日超额准备金在每个维持期呈现的上升趋势显然源于已经履行了法定存款准备金要求，并且如果在日终受到正向流动性冲击从而产生超额准备金（且不求助于存款便利）的银行数量稳步增加这个事实。Bindseil 等（2004）指出，没有来自欧元区的数据表明，超额准备金会取决于流动性状况或短期利率。因此，在公开市场操作的校准上，其就可以有效地被视为外生需求因素，通过类似自主因子的方式进行预测。

（3）隔夜利率动态

更为技术性的是，银行日终准备金头寸的不确定性意味着它能影响隔夜利率的动态变化，后者原则上无法由式（2）完全解释。正如之前所提到的，第 2.2 节所提出的模型假设银行只是不确定总的流动性状况。只要隔夜利率偏离常备融资便利在维持期最后时刻的预期加权平均值，银行将会进行跨期套利，从而重新按照远期隔夜利率调整当前利率。然而，鉴于银行不能确切地知道其日终头寸，只要隔夜利率降至足够水平，其就会需要更多营运余额，这就成为应对未预期对外支付的一个廉价保险。同样，如果隔夜利率上升，对营运余额的需求将会下降。[8] 这意味着在其他条件不变的情况下，隔夜利率对维持期末已预期到的总流动性失衡应该不太敏感。此效应的相关性显然取决于单个银行对自身日终头寸的不确定性水平，后者在很大程度上又取决于支付系统。此外，维持期末相关性会更强，因为如前所述，准备金要求的平均值规定一般会使银行在流动性管理上有充分的灵活性。

在欧元区，如前面所提到的，超额准备金对隔夜利率水平无弹性，此效应在实际中似乎无关紧要。尽管欧元区隔夜利率对预期到的总流动性失衡比起后者的不确定性而言似乎不那么敏感，但正如 Würtz 和 Krylova（2004）所认为的那样，对此还有其他几种可能的解释。

日终头寸不确定性的另外一种可能影响是银行希望避免在维持期结束之前用光其准备金要求，从而失去通过其准备金持有来缓冲未预期流动性冲击的可能性。在其他条件不变的情况下，这意味着银行更偏好于在维持期后期满足其准备金要求。只要中央银行没有在其流动性供应中适应这些偏好，隔夜利率在维持期期初就会比较低，银行愿意支付溢价以避免在这个阶段持有准备金。[9] 对于欧元区，却几乎没有发现支持这一效应的证据。[10] 在美国，Hamilton（1996）发现的证据表明隔夜利率确实在维持期期末会趋于增加。然而，似乎有证据表明，情况已不再是这样。

总之，即使有证据表明用等式（2）描绘隔夜利率存在一些不足，但这些都是细枝末节。[11] 如果准备金要求确实足够大，如在欧元区一样，那么等式（2）一般而言就为政策制定者和市场参与者判断和调控的隔夜利率提供了充分依据。通常情况下，支付系统相关问题并不发挥作用。

3. 日间银行间货币市场问题

第 2.2 节的简化模型仅模拟了日终头寸，并隐含假设了货币市场的日间流动性从来没有问题。这确实是正常情况，至少对欧元区来说是这样。在 RTGS 系统里银行可用的抵押品金额足以避免日内支付流对短期利率的任何影响，也就是说，日间流动性总是充足的。但仍然出现了几次例外的情况：如 1999 年 1 月在欧元开始使用的头几天里；2001 年 9 月 22 日之后，2002 年 1 月现金兑换流通期间。然而，这些例外情况源于在此期间围绕支付的不确定性，而不在于技术限制或支付系统的故障。在任何情况下，至少对于欧元区而言，人们可以得出这样的结论：支付系统的效率是如此之高，以至于货币政策执行几乎完全可以仅专注于日终头寸，即仅专注于在中央银行日终资产负债表上所反映的内容。因而，如前一节中所描述，支付系统是有影响的。

4. 支付系统和进行公开市场操作

在前两节中，我们认为支付系统在实际中通过影响中央银行由公开市场操作提供准备金的需求来影响货币政策的实施。如果对这些因素的预测是不完美的，那么可能就会出现短暂的货币市场的扰动。事实上，超额准备金与流通中的纸币在欧元区是继政府存款之后，导致流动性失衡的第二大和第三大来源。

此外，支付和证券结算系统与公开市场操作是直接相关的，因为这些操作显然也需要被结算。流动性供给反向操作——如今公开市场操作的标准——都是有抵押（担保）的，这使得实际上操作的两边头寸都需要被结算，其中证券头寸显然是更为复杂的一个环节。因此，支付结算基础设施的效率会对当日后期结算的公开市场操作构成约束。同样地，有权进行公开市场操作的交易对手集也会受到需要拥有特定类型的支付和证券账户的限制。

2.3 前瞻：如果纸币需求消失会如何？

支付体系创新在未来可能有一天会引发对货币政策的根本挑战，这当然是事实。最常见的场景——流通中纸币的萎缩，在当今与10年、20年或30年前一样都没有出现。其依然是经济学家们一直所设想的场景。[12]

假设纸币越来越多地被以（以前使用的）纸币的货币单位计价的电子支付所取代，同时假设准备金要求为零（准备金要求是这个问题的另外一个解），那么中央银行的资产负债表可以看做如表2.3所示。

表2.3　　简化后的纸币需求为零的中央银行资产负债表

净自主因子	100	纸币	0
借款便利	0	存款便利	0
		公开市场操作	100

因此，中央银行必须通过公开市场不断地从银行系统吸纳准备金，以保持货币市场的平衡并控制利率（如由某种泰勒规则所建议的水平），否则银行间市场上将存在超额准备金（如前面给出的例子），且货币市场利率将降为0。事实上，这样的情况对于中央银行而言一点也不特别，不少中央银行已在这样的场景下操作多年。例如，2004 年 5 月 1 日已加入的所有 10 家欧盟成员国中央银行都在银行系统对中央银行存在所谓盈余的环境下进行操作，但这并不是因为纸币需求为零，而是由于其持有大量的净外汇资产，正如表 2.4 中简化的资产负债表所反映的那样。

表 2.4　　简化后的纸币需求为正和具有较大净外汇准备金持有的中央银行资产负债表

净自主因子	200	纸币	100
借款便利	0	存款便利	0
		公开市场操作	100

从严格的货币政策实施角度来看，以上两张资产负债表结构要求有完全相同的手段——即通过公开市场操作吸收 100 个账户单位。要做到这一点有不同的方法，如回购操作、吸收定期存款以及发行债务凭证。虽然利率调控意义上的货币政策实施在纸币消失时不会面临真正的新挑战，但中央银行的盈利能力显然会受到影响。这需要中央银行具备充足的资本，或者通过政府进行担保转账（后者不利于中央银行的独立性）。

2.4　总结

支付系统的变化解释不了 20 世纪货币政策实施办法的变化。它们也不太可能导致在可预见的或者更遥远的未来发生重大变化。不过，支付系统问题对货币政策实施具有某些确定的技术影响：流通中的纸币、支付系统浮存资金和超额准备金需要以与自主因子类似的方式进行预测。在有预测偏差的情况下，对短期利率的控制通常暂时变差，但不会有宏观经济影响。

参考文献

Axilrod, S. H. and Lindsey, D. E. (1981) "Federal Reserve System Implementation of Monetary Policy: Analytical Foundations of the New Approach", *American Economic Review*, 71: 246 - 52.

Bindseil, U. (2004a) "The operational target of monetary policy and the rise and fall of reserve position doctrine", European Central Bank Working Paper no. 372, Frankfurt/Main.

Bindseil, U. (2004b) *Monetary Policy Implementation: Theory, Past, Present*, Oxford: Oxford University Press.

Bindseil, U., Camba - Mendez, G. Hirsch, A. and Weller, B. (2004), "Excess reserves and the implementation of monetary policy of the ECB", European Central Bank Working Paper no. 361, Frankfurt/Main.

Blenck, D., Hasko, H., Hilton, S. and Masaki, K. (2002) "The main features of the monetary policy frameworks of the bank of Japan, the Federal Reserve and the Eurosystem", in Bank for International Settlements (ed.) "Comparing monetary policy operating procedures across the United States, Japan, and the Euro area", BIS Paper New Series, 9: 23 - 47.

Board of Governors (1994) *The Federal Reserve System: Purposes and Functions*, various editions, Washington, D. C.: Board of Governors of the Federal Reserve System.

Cook, T. C. and Hahn, T. (1989) "The effect of changes in the Federal Funds rate target on market interest rate in the 1970s", *Journal of Monetary Economics*, 24: 331 - 51.

Dow, J. P (2001) "The demand for excess reserves", *Southern Economic Journal*, 67: 685 - 700.

Fama, E. G. (1980) "Banking in the theory of finance", *Journal of Monetary Economics*, 6: 39 - 57.

Friedman, M. and A. Schwartz (1963) *A Monetary History of the United*

States, 1867 – 1960, Princeton: Princeton University Press.

Goldenweiser, E. A. (1925) *The Federal Reserve System in operation*, New York: McGrawHill.

Goodfriend, M. (2003) "Review of Allan Meltzer's 'A history of the Federal reserve, Volume 1: 1913 – 1951'", *The Region* (*December*), Minnesota: Federal Reserve Bank of Minneapolis.

Goodhart C. A. E. (2001) "The endogeneity of money", in P. Arestis, M. Desai, and S. Dow (eds) *Money*, *Macroeconomics and Keynes*, London: Routledge.

Hamilton, J. D. (1996) "The Daily Market for Federal Funds", *Journal of Political Economy*, 104: 25 – 56.

Meltzer, A. H. (2003) *A History of the Federal Reserve*, Vol. 1, 1913 – 1951, Chicago: University of Chicago Press.

Meulendyke, A. – M. (1998) *US Monetary Policy and Financial Markets*, New York: Federal Reserve Bank of New York.

Mishkin, F. (2004) *The Economics of Money*, *Banking and Financial Markets*, 7th edition, Boston: Pearson – Addison Wesley.

Perez – Quirós, G. and Mendizábal, H. R. (2000) "The daily market for funds in Europe: Has something changed with EMU?" European Central Bank Working Paper no. 67, Frankfurt/Main.

Phillips, C. A. (1920) *Bank Credit*, New York: Macmillan.

Prati, A., Bartolini, L., and Bertola, G. (2003) "The overnight interbank market: evidence from the G7", *Journal of Banking and Finance*, 27: 2045 – 83.

Strongin, S. (1995) "The identification of monetary policy disturbances. Explaining the liquidity puzzle", *Journal of Monetary Economics*, 35: 463 – 97.

Woodford, M. (2001) "Monetary policy in the information economy", Paper prepared for the "Symposium on Economic Policy for the Information Economy", 30 August – 1 September, Federal Reserve Bank of Kansas City, Jackson Hole, Wyoming.

Woodford, M. (2003), *Interest and Prices: Foundations of a Theory of Monetary Policy*, Princeton: Princeton University Press.

Würtz, F. (2003), "A comprehensive model on the euro overnight rate", European Central Bank Working Paper no. 207, Frankfurt/Main.

Würtz, F. and Krylova, E. (2004) "The liquidity effect in the euro area", paper presented at a workshop on "Monetary Policy Implementation: Lessons from the Past and Challenges Ahead", 20 – 21 January, European Central Bank, Frankfurt/Main.

注释

* 本文仅代表作者个人观点，与欧洲中央银行的观点无关。作者地址：欧洲中央银行，业务总署，凯撒大街29号，60311，法兰克福，德国。我们感谢 Soizic Lewicke – Frin 和2004年6月26日奥地利科学院讨论会参与者给予的帮助和建议。

1 详细综述请参见如 Meulendyke（1998）。

2 参见如 Cook 和 Hahn（1989）。

3 也参见 Bindseil（2004a，19 – 20）和 Bindseil（2004b，235 – 8）。

4 关于该模型更为详细的解释参见如 Bindseil（2004b）。

5 参见如 Blenck 等（2001，44）。

6 参见如 Blenck 等（2001）。相比欧洲而言，美国准备金要求相对较低的事实并不是美联储有意为之，而出于防止美联储增加其（无偿）准备金要求的法律限制。准备金率在美国比在欧元区更高，但由于准备金要求并非有偿的，银行有持续的激励将其债务削减到准备金率要求的水平。它们做得如此成功，以至于美国的准备金要远低于欧元区。在欧元区，所要求的准备金是有偿的，这消除了规避准备金要求的激励。

7 关于美国的情况，尤其参见 Dow（2001）。

8 参见 Woodford（2001）。

9 参见 Perez – Quirós 和 Mendizábal（2000）。

10 参见 Würtz（2003）。

11 同样参见 Prati 等（2003）。

12 参见如 Fama（1980）和 Woodford（2001）。

3. 支付体系制度变迁及其对货币政策影响的建模

Forrest H. Capie、Dimitrios P. Tsomocos 和 Geoffrey E. Wood[1]

支付体系发生了很多制度变迁。事实上，自从货币作为完成交易的主导技术出现以来，这一变迁就一直在发生。银行间的结算手段也发生了变化：支票在许多交易中代替了现金，然后其反过来又部分地（在有些国家更为明显）被银行卡所取代。技术还在发展，移动电话甚至能实现交易的及时结算。这些都影响了货币需求量与收入之间的关系，但还没有哪个创新迫使我们从一个使用货币的社会转变到一个使用其他手段进行交易的社会。

因此，这些制度变迁对货币政策的影响还是微不足道的，至少在理论上是如此。在实践中也同样如此，中央银行依然能使用货币政策来影响和在一个相当狭小的范围内控制价格水平的轨迹。事实上，随着货币与收入之间的中短期关系变得更为松散（如完美拟合货币需求函数变得更为困难所表明的那样），中央银行对通货膨胀的控制得到了改善。发生在许多国家的由中央银行和政府之间体制关系改变所带来的收益要大于使用货币政策控制通货膨胀所面临的越来越大的困难。

但这一良性结果能持续多久呢？设想通胀控制还会继续得到改进的想法似乎太过了，这一设想对货币政策和中央银行的需求也过多。我们考虑的是当前的良性状况是否能持续。即将来临的发展会使货币与收入的关系进一步松散，甚至通过消灭作为交易技术的货币来终结它吗？

本文的目标是对这种可能的技术发展进行评估，并将其与货币一起模型化为交易技术。通过比较这些模型，我们将能对不可兑现货币的未来进行估计。

本文结构如下：首先我们概括地提出能取代货币的技术，然后对用来评估作为交易实施手段的该技术和不可兑现货币的模型进行非正式描述，之后提出正式模型；其次，我们研究这些分析对不可兑现货币得以幸存（或相反）的意义；最后引出对经济政策的讨论，以及对研究发现的总结和政策结论。

事前准备依然是定义。McCallum（1985，2003）非常清晰地在交易的货币体系、交易的物物交换体系以及交易的记账体系之间作了区分。其中第一个使用了“交易的有形机制”，他还继续指出“交易的货币体系”是“交易的绝大多数在其中一方使用货币”。他将其与物物交换进行了对比，物物交换中“商品直接进行交易而没有任何向货币的中间转换”。第三种系统类型是“没有货币（在这里 McCallum 指的是交易媒介）但交易通过记账网络的信号手段进行，每次交易都会对买方和卖方的财富账户进行借记和贷记”。McCallum 继续谈到其将该系统看做一个非货币系统，一个“高度有效的物物交换形式”。

在本文中，我们也遵循上面的观点。但必须指出的是，这样一个系统是否主要是一个不存在共同认可的媒介和记账单位的电子化物物交换系统应该是被证明的，而不是被假设的。不过，我们把存在一个机制和会计单位的电子化物物交换系统是否优于不存在这两种特征的电子化物物交换系统的问题留给另一篇文章。这个问题很有趣，只要前者占优，那么价格水平的概念和可控性在电子物物交换世界中就是一个逻辑上可能的讨论对象，那么这个问题就是有趣的。但进行比较需要对这两个系统中的交易成本进行详细建模，而且结果与本文的结论并没有关联。

3.1 技术与交换

电子技术尤其是计算机技术的发展引发了关于电子技术将在便利化交易上取代不可兑换货币的争论。正如物物交换首先被商品货币然后被不可兑现货币取代，因为这些是更优的交易技术那样，有人认为，计算机技术使信息储存和传输更为便利，因此不可兑现货币也将被取代。

分析这一主张的核心在于货币的交易媒介功能。使用货币的经济和物物交换经济之间的区别是关键；原始的和电子化的物物交换之间的区别在于前者使用了交易媒介。本文的目的是建立一个简单的正式框架使我们能考察是否使用交易媒介的关键决定因素。为了实现这一点，我们构建了一个内在包含交易成本的交易模型；因为如果没有交易成本，那么就没有交易媒介能节约的交易成本了。

正如 George Stigler（1972）多年前所观察到的那样，一个没有交易成本的世界会显得非常奇怪。那将没有企业，从而也没有银行、保险公司或其他金融机构，而且也不会有货币。我们论证的核心在于只要存在交易成本就会有货币，而且除了我们在本章后面将指出的一些非常特殊的环境以外，即使电子化物物交换也无法替代“不可兑现”货币，因为其也将无法有效降低交易成本。为了阐明模型的经济内涵，我们首先非正式地论证为什么在大宗匿名市场上媒介交易的某些货币形式会出现以降低交易成本。然后我们继续指出，一旦使用货币的概念被提出，进一步的成本降低也将通过进一步发展得以实现——收敛到非常少数的商品被用做货币。事实上，发行受到特定约束的单一货币是最优的结果。我们将注意到，虽然所有后续论点都是在交易经济中被隐性或显性提出的，但结论在生产经济中更加成立，因为有了生产，生产经济生产的禀赋将使交易量超过交易经济的交易量。

不管是否使用电子化记账，物物交换都会涉及需求的双重匹配。买方必须需要卖方所卖之物，反之亦然。这种匹配能通过 Meltzer（1998）提出的所谓“物物交换信用”来消除——以现在的商品交换对未来商品的承诺。但这样的交易即使在一个成熟和具有可靠法律体系的经济中也很少见。为什么呢？理由就在于存在一种更廉价的交易方式。不管是不是物物交换信用，信用都要求卖方了解买方的信用状况及其所具备的信用特征（如收入）。如果存在一种被广泛接受和识别的货币，那么买方的个人属性就会变得无关紧要。重要的是他所提供的商品。必须收集的信息变得更少，那么交易也就变得更为廉价。这扩展了交易的可能性，从而使买方和卖方都获益了（显然这类似于税收削减）。

对于要演变成为而不是被指派成为社会中唯一的交易媒介，如下两个条件必须满足。首先，并不是所有商品都同样适合于当货币使用，信息获取成本必然依赖于所选择的商品。其次，不管是在交易中使用什么，其使用的频率越高，信息获取的边际成本就越低。这两个特征使我们得以解释贵金属曾作为支付手段而被广泛使用。贵金属的纯度可以检验，是可分的，能通过称量进行方便的度量，并且是同质的——特定纯度的一盎司黄金与相同纯度的另一盎司黄金是完全相同的。其他货币——牛、石头和盐片——都不具备这些属性。正是这些属性将我们导向货币商品。但需要强调的是，信息节约属性是关键。贵金属并不是一直可用的。如果不行，那么就会使用其他东西。香烟在第二次世界大战的德国战俘营中就被用做货币。[2] 其被使用是因为任何人都能对其进行辨识，并且都知道任何人都会在交易中接受它。

在并非所有商品都能同样好地满足交易媒介职能的假设下，我们就能看到社会将趋向于使用极少数商品作为货币；而且如果商品信息获取的边际成本随着其使用频率的提高而下降，这种商品就将变得优越。

使用货币不仅仅是消除了在交易中熟悉买方的需要。当其变为记账单位时，另一种节约就实现了。没有记账媒介和记账单位，任何交易方都必须知道任一商品与其他所有商品的双边交易价值。[3]

> 如果存在 n 种商品，那么就至少有 $[n(n-1)]/2$ 种不同的价值。双边交易比率（价格）的数量快速增长。在有 $n=100$ 种商品时，至少有 4 950 个价格需要知道。在 $n=500$ 时，该数值为 124 750，而对于 1 000种商品则至少有 499 500 个价格。没有记账单位，交易会由于信息成本受到很大限制。使用记账单位来表示价值将使价格数从 $[n(n-1)]/2$ 下降到 n（Meltzer，1998，12）。

至此，我们论证了使用少数商品并进而仅使用一种商品作为货币是有利可图的。在特定约束下，超越这一点能带来更多的好处。只要没有会导致通货膨胀的超发，纸币会带来资源节约，因为其完全或部分替代了之前作为货币的商品。

总之，我们论证了货币概念和货币的使用是通过搜索和发现过程而产生的。其相对于物物交换信用的优势（后者相对于简单物物交换存在某些优势）在于其通过将注意力从商品潜在买方的品质转向买方用于支付交易的物品的品质，从而进一步降低了交易成本。用 Allan Meltzer（1998）的话说，是从“独特而隐晦的属性集转向共同而广知的属性集”。使用货币的社会比起物物交换社会而言对信息的要求更少。

在对这些结论进行正式证明并表明其与电子物物交换和纸币的未来之间的相关性之前，将这些论点置于其历史背景中是有意义的，因为关于货币发展和货币作用的观点早就被提出了，并不是新的。其中一个深入阐述是100年前由卡尔·门格尔（Carl Menger，1892）提出的。[4] 他坚称货币是一种“社会”创造，是“看不见的手”的产品。他的观点是社会制度的看不见手解释的一个例子，与政府解释完全不同。[5] 不过本文的基本观点并非源于门格尔。（他是一个大胆的作者，他声称他找到了所有经济概念的原始发明者！）亚当·斯密在《国富论》中就提出了这一点。

为了避免这一状况的不便（即商品的潜在卖方不需要潜在买方所提供的东西），在第一次建立了劳动分工之后，每个审慎的人在每个社会时期都自然会努力按这样的方式来管理其事务，即除了其自身行业的独特产品以外，在任何时刻拥有特定数量的他认为不会有什么人会在交换其行业产品时拒绝使用的某种商品（斯密，1776/1981 年版，37－38）。

而且，货币原先是一种社会制度，尽管其后来变为了一种政府制度，这一点也同样被凯恩斯（1935，4－5）所提到。

因此，一旦人们采用了记账货币，货币时代就取代了物物交换时代。而且当国家宣称有权宣布哪种东西作为货币能成为当前记账货币时——即当其宣称不仅有权执行字典而且有权书写字典时，国家货币时代就来临了。[6]

现在，交易媒介也同时作为记账媒介在逻辑上并没有必要性。但正如多位作者所强调的，如果它们不一致，拥有记账媒介的“计算收益”

就不完整，除非采取了使其与交易媒介一致这一简单步骤。[7] 严重的通货膨胀会破坏这一点，但这一要求确实需要严苛；即使通胀率达到了每年3位数，两者似乎依然会继续一致。

3.2 策略性市场博弈：鸟瞰

策略性市场博弈提供了将货币、其他金融工具以及金融中介严格引入封闭模型的一个框架。对记账清晰性、制度细节和“可玩性”标准的需要使得最小化制度（如清算所、中央银行和其他金融中心、信用、违约等）和明确的价格形成机制（出售所有、竞价交易、双重拍卖）作为博弈规则和所用均衡概念中的逻辑必要性自然产生了。这类博弈最终有利于为货币、金融经济学和宏观经济学形成正式的微观基础。

策略性市场博弈是与 Hurwicz（1960，1973）所提出的资源配置方法的设计相关联，由 Dubey 和 Shubik（1978，1980）、Shapley（1976）、Shapley 和 Shubik（1977）、Shubik（1973）以及 Shubik 和 Wilson（1977）正式提出的。策略性市场博弈提出的价格形成机制主要有三个：单边古诺模型、双边古诺模型和双边拍卖模型（或者双边伯兰特—埃奇沃斯模型）。它使用了不可兑换或商品货币，其他市场结构也被建模。例如，在一个没有自然计价单位或不可兑换货币作为交易媒介的外汇市场上，可以采用一种修正的价格形成机制，其中任意两种工具或商品间交易报价的提出以及使所有市场得以清算的一致性价格均由一个巨大的清算所决定。

内生违约、信用、金融中介和不完备资产市场被引入，以能正式建模和分析支付体系、货币、财政和规制政策。对这些模型的杰出展示可参考 Shubik（1990，1999），而更技术化的分析则参见 Giraud（2003）。原则上，此类模型的无效率性来自不充分的流动性、寡头效应或者制度限制。因此，由于模型中的交易技术，积极的政策具有非中性效应，并且可能（但非总是）改进福利。最后但同样重要的是，通过将货币和制度引入标准的阿罗—德布鲁模型之中，撇开寡头效应，存在着大量文献研究与策略性市场博弈模型类似的货币一般均衡模型。[8]

总的来说，由于一般社会制度，尤其是金融制度，是经济过程的载体，因此正如马丁·舒比克（Martin Shubik）所认为的那样，数理制度经济学方法是必要的。这正是策略性市场博弈试图达成对生产、分配、政策以及更为一般的政治经济的更好理解的途径。

3.3 正式模型

我们使用 Shubik 和 Tsomocos（2002）开发的策略性市场博弈。当用于交换时，货币会贬值（即由于纸币和硬币质量的变坏而产生磨损），且其置换是有成本的。[9] 约定的交易手段是不可兑换货币，且所有交易需要预付现金（关于这一约束的动机参见尾注 15）。因此，代理人借入不可兑换货币进行交易。政府以利率支付的形式从参与者处征收铸币成本。为了实现这一点，其参与交易并提出报价以为其生产投入作准备。为了使我们的论证不失一般性，政府的目标函数是在满足置换交易中被磨损的不可兑换货币要求的条件下最小化利率，那么作为政府选择变量的利率将决定其收入。我们假设初始货币供给是外生的。图 3.1 展示了该博弈的扩展形式。交易博弈是一个存在 4 个子期的单期博弈。在每个子期，正如我们下面所解释的那样，单个代理人或一组代理人采取行动。我们首先修改此博弈以同时容许不可兑换货币和电子化物物交换。我们将电子化物物交换概念化为通过由某个机构（也许为政府）运行的巨大清算所进行媒介。之后我们分析不可兑换货币优于电子化物物交换的条件。

第一步是政府 P_g 决定利率。第二步，个体 $P_1,\cdots,P_H$ 按照预先确定的利率在货币市场上获得不可兑换货币。第三步，个体交换商品而政府购买生产投入品用于置换贬值的不可兑换货币。我们通过假设一个交易者的连续集、同步步骤和第二步与第三步的信息最小化来保持策略集的简单性。然后交易者偿还其贷款，最后政府替换贬值的不可兑换货币。

政府通过征收铸币成本来补充贬值的货币同时也参与交易。[10]

令 $h \in H = \{1,\cdots,H\}$ 为代理人集，$l \in L = \{1,\cdots,L\}$ 为可交易商品

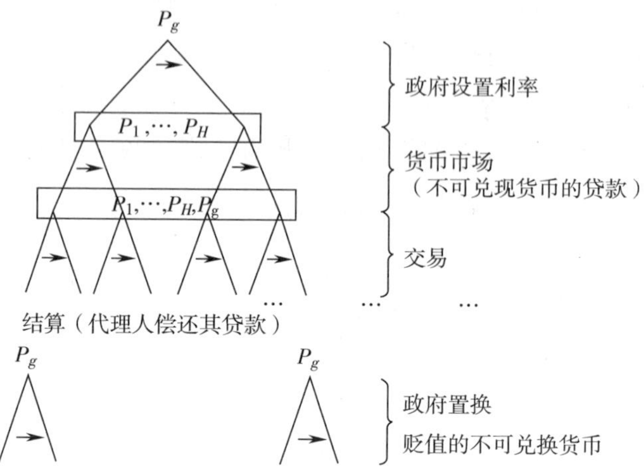

图 3.1　存在不可兑换货币铸币成本时的交易

集。每个代理人拥有 1 向量商品 $e^h \in \Re^L_+$ 的禀赋。代理人效用函数的形式为 $u^h:\Re^L \rightarrow \Re$。

下列假设成立：

（1）$\sum\limits_{h \in H} e^h \gg 0$（即每种商品在经济中都存在）

（2）$e^h \neq 0$，$\forall h \in H$（即没有代理人拥有零禀赋的商品）

（3）u^h，$\forall h \in H$ 是连续的、凹的和严格单调的（即消费越多越好）

代理人在下列约束下最大化其消费效用：

$$\sum_{l \in L} b_l^h \leqslant v^h \tag{1}$$

（即商品支出 ≤ 所借货币）

$$q_l^h \leqslant e_l^h, \quad \forall l \in L \tag{2}$$

（即商品销售 ≤ 商品禀赋）

$$(1 + r)v^h \leqslant \sum_{l \in L} p_l q_l^h + \Delta(1) \tag{3}$$

（即贷款偿付 ≤ 商品销售收入 + 手头的货币）

其中，b_l^h 为 h 购买商品 $l \in L$ 的货币报价，q_l^h 为 h 提供的商品 $l \in L$ 的数量，v^h 为 h 签订的贷款，r 为贷款利率，p_l 为商品 $l \in L$ 的价格，$\Delta(1)$ 为等式（1）右边与左边的差。

正如由预算约束（1）和（3）可得到的，商品销售收入不能同时用于为购买其他商品提供资金。这是预付现金约束的核心，也被称为流动性约束。

外生的固定货币供给 M 以速率 η 贬值。因此，如果代理人从政府（或中央银行）借入不可兑换货币的总量为 $\sum_{h\in H} v^h = \bar{\mu}$ 且政府用于购买生产投入品的支出为 $\bar{g}$，那么 $\eta[\bar{\mu}+\bar{g}]$ 为货币的贬值量，因为 $[\bar{\mu}+\bar{g}]$ 为流通中的货币总量。

政府的货币生产函数呈现出递减的规模回报，以产生唯一的最优解。[11]

$$z_{L+1} = F(x_1^g, \cdots, x_L^g) \tag{4}$$

其中，z_{L+1} 为所生产的不可兑换货币数量，x_l^g 为生产投入。

我们针对政府生产集 $y^g \in \Re_+^L$ 提出标准技术假设，以确保可行性和政府最大化问题解的存在性。

(4) $0 \in y^g$，

(5) y^g 是凸的和闭集的，

(6) $\exists B > 0 \ni$ 如果 $(x_1^g, \cdots, x_L^g; Z_{L+1}) \in y^g$，那么有 $x_l^g \in B$，$\forall l \in L$ 和 $Z_{L+1} \leqslant B$。

政府寻求最小化利率，因为其仅仅是要通过征收必要的铸币税来置换贬值的不可兑换货币。因此，政府的最优化问题为：[12]

$$\max_{r, b_l^g, l\in L}{}^{13} \; -r$$

$$s.t.\ z_{L+1} = \eta\left[\sum_{h\in H} v^h + \sum_{l\in L} b_l^g\right] \tag{5}$$

$$\sum_{l\in L} b_l^g = r\sum_{h\in H} v^h \tag{6}$$

其中，式（5）为需要被置换的贬值货币量，式（6）为政府的预算约束（即其生产成本的资金支出来自铸币税）。

代理人和政府的最终配置为：

$$x_l^h = e_l^h - q_l^h + \frac{b_l^h}{p_l}, \forall l \in L \tag{7}$$

（即消费 = 初始禀赋 - 销售 + 购买）

且

$$x_l^g = \frac{b_l^g}{p_l} \tag{8}$$

（政府的生产投入 = 提供的货币/价格）。

注意 η 与 r 之间的关系是相当复杂的，并依赖于交易收益，后者又反过来决定交易量。政府设置利率 r 以提高铸币税收入，从而为不可兑现货币的生产提供资金以置换贬值的货币。

最后，纳什均衡（NE）$\Gamma(H,u^h,e^h,\eta,M,x^h,x^g)$ 为一个策略选择集，$s=(s^h,s^g)=(b_l^h,q_l^h,x_l^h,b_l^g,p)$；$\forall h \in H$ 和政府，有 $\alpha=(\alpha^h,\alpha^g)\in\sum=\underset{h\in H}{X}B^h\times B^g$，$\ni$

$$\prod(s/\alpha)\leqslant\prod(s) \tag{9}$$

其中，B^h 和 B^g 为代理人和政府的选择集（即 $B^h=\langle(b_l^h,q_l^h,v^h)_{l\in L}$：（1）-（2）成立$\rangle$ 和 $B^g=\langle(r,b_l^g)_{l\in L}$：（5）-（6）成立$\rangle$），$(s/\alpha)$ 为 s 且 s^t 或 s^g 由任意其他策略选择 α^t 或 α^g 所替代。[14] 同样，$\prod(\cdot)$ 代表代理人（$\prod^h(\cdot)=u^h$）和政府（$\prod^g(\cdot)=-r$）的报酬函数。

价格是通过 Debey 和 Shubik（1978）的价格形成机制形成的。由此机制形成的价格为特定市场上的总现金报价与出售的商品总量之间的比率。这等价于一个均衡条件；其记账的清晰性允许对经济中的现金流进行精准跟踪。

$$\text{从而 } p_l=\begin{cases}\dfrac{\sum_{h\in H}b_l^h+b_l^g}{\sum_{h\in H}q_l^h}, & \text{如果}\sum_{h\in H}b_l^h+b_l^g;\sum_{h\in H}q_l^h>0\\ 0, & \text{其他情况}\end{cases} \tag{10}$$

这些结果的存在性和无效率性定理由 Shubik 和 Tsomocos（2002）提出和证明。这里我们将关注使用其他支付手段的相对效率（不可兑换货币对电子化物物交换）。

3.4 使用不可兑换货币的交易与电子化物物交换

我们对使用不可兑换货币的交易作如下概念化。设想一个 $L=4$ 的简单场景。不可兑换货币能与任何一种商品进行交易，但商品之间不能进行交易。图 3.2 描绘了这一情况。连接 m 和商品 1、2、3、4 的线段表明货币能与所有商品进行交易。商品相互之间不能进行交易（即它们之间没有相连的线段）。[15]

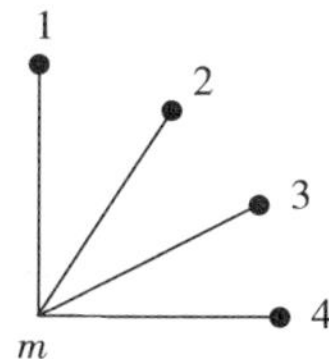

图 3.2 用不可兑换货币进行交易

因此，存在四个市场。如果我们想要对“电子化物物交换”进行概念化，我们就假设商品相互之间能进行交换，或许通过一个电子化物物交换的记账设备（现在成为了约定的交易媒介）进行，并通过一个清算所来匹配供需。在这种情况下，将存在 $\frac{L(L-1)}{2}$ 个市场，即总共 6 个市场。[16]因此，在图 3.3 中所有商品之间都有线相连，表明交易通过电子化物物交换进行。

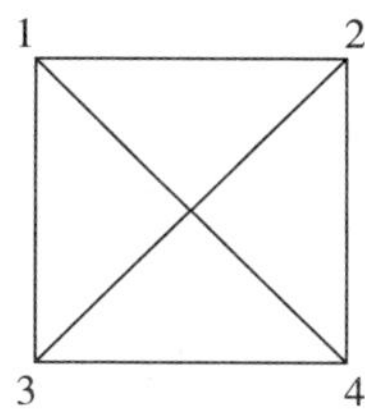

图 3.3 通过电子化物物交换进行交易

我们假设在每次交易中收集并处理信息的联合成本为 c。在使用不可兑换货币进行交易时，凭借其匿名性、可分性、可替代性以及其他属性，除了生产和置换成本以外并不需要任何额外成本。式（4）表示了其在生产过程中的转换。同样，不可兑换货币经济中借方信用状况的信用成本由商业银行而不是货币的原始发行者（即中央银行）处理，或者由那些接收货币以交换商品或服务的人来处理。这些成本对于实施电子化物物交换的中央清算所（或类似交易机构）的运营者而言是无法避免的。那么电子化物物交换的总交易成本为：

$$\bar{C} = \frac{cL(L-1)}{2}(H+1) \quad (11)$$

[17]

需要指出的是，每个代理人只参与一方的市场，因为在没有寡头效应的策略性市场博弈中对敲（即同一个人参与特定市场的双边）是无利可图的。如果假设双边市场中任何一个市场结构的设置成本都可忽略，那么有命题1。同样要指出的是，不可兑换货币和电子化物物交换的总成本是内生决定的，两者都取决于交易量，参见式（6）和式（11）。

命题1：

使用不可兑换货币的交易成本低于使用电子化物物交换交易成本的条件是：

$$\frac{L(L-1)}{2}c(H+1) - rM > 0, \text{其中 } M = \sum_{h \in H} v^h$$

证明：

使用不可兑换货币的交易成本为 $r\sum_{h \in H} v^h(*)$，因为贬值货币的置换是通过收取利率获得铸币税来获得资金的。因此，$(11) - (*) = \frac{L(L-1)}{2}c(H+1) - r\sum_{h \in H} v^h$ 代表使用电子化物物交换与使用不可兑换货币的交易成本差异。

关于这一关系有一点在这里提出是有益的。如果设想存在降低 c 的技术进步，那么完全相同的进步也可能增加商品数 L。事实上，随着时间的推移，我们看到交易商品的增加大多数都与技术进步相关。同样要指出的是，当 r 的下限为0时，c 的下限将不可避免地大于0。[18]

命题1凸显了如下事实，即不可兑换货币是一种节约交易成本的去耦设计，而不管成本产生于何处（如处理、信息获取等）。另外，电子化物物交换是一种集中式的记账机制，要求对每笔交易的详细认知。因此，其在存在多重市场和商品的复杂市场体系中不可避免地产生更高的总成本。货币出现（或者等价地物物交换的下降）的同时伴随着市场体系的发展并不是巧合。

命题2：

使用不可兑换货币进行交易的均衡 $\Gamma(H,u^h,e^h,\eta,M,x^h,x^g)$ 与使用电子化物物交换的相应博弈均衡相一致的必要条件是 $r=0$ 且 $c=0$。

证明：

如果 $r=0$ 且 $c=0$，那么两种不同交易融资方式会导致相同的商品配置。为得到相同价格和配置，设 $\frac{\sum_{h\in H} b_l^h}{\sum_{h\in H} q_l^h}=p_l$ 且 $x_l^h=e_l^h-q_l^h+\frac{b_l^h}{p_l}\ \forall l\in L$，$h\in H$。

那么，不管交易是通过不可兑换货币进行的还是通过电子化物物交换进行的，相同均衡都能得到。

命题2强调了只有在经济中存在交易成本时，不同融资方式才会变得不同。除非引入市场交易的流程和组织细节，否则刻画不同交易媒介间的差异是困难的。在没有交易成本时，两者都是相同的记账单位。货币既是中性的也是超中性的。不管如何组织，交易都产生相同的配置。只要 $r=0$ 且 $c=0$，货币就是一层“面纱”。[19]即使在金银复本位制或多重交易媒介下，只要交易媒介存在确定的转换比率，就能依照“主要”支付手段进行分析。不过，只要 r，$c\neq0$，两种交易融资方式产生的配置就不是明确的帕累托排序。决定使一种方式产生的配置帕累托优于另一种方式的 r 和 c 需满足的条件依然是一个未解决的问题。

由这一分析产生了一个自然问题，即不可兑换货币和电子化物物交换是否能共存于均衡之中；特别地，不可兑换货币是否能被用于一个商品子集，而电子化物物交换用于其他商品。这一问题是相当复杂的并超过了当前分析的范围，因为使用每种交易媒介的交易量是内生决定的，并反过来决定了哪些商品子集会使用哪种交易媒介进行交易。同样，每种商品的交易收益影响了使用不同交易融资方式的边际收益和成本。例如，如果某种特定商品交易会带来巨大收益，政府就会通过引入电子化物物交换降低该市场上的边际交易成本，从而避免在这一特别具有流动性的市场上所使用的不可兑换货币的贬值。我们计划在将来研究中探讨这一问题。

3.5 价格水平：含义与决定因素

中央银行发行基础货币的内在信息优势将确保对其需求不会被电子化物物交换的增长所消灭。来自非银行公众的需求将依然维持，进而导致来自银行部门的需求也将继续维持，中央银行从而将继续保持对短期利率的控制。[20]粗看起来，这足以使中央银行保持对价格水平的控制；在许多模型中，短期利率是货币政策行动唯一的传递者。例如，最新的货币政策研究使用了小宏观经济学模型，将与基本 IS – LM 模型中类似的 IS 函数包含进来。这些模型能回溯（从而与传统规范非常接近[21]），也能前瞻（包含理性预期）。[22]但不管是什么规范，它们都有一个共同特征，即对当前产出的需求是实际利率的函数，且该利率反过来一般被假设为短期名义利率。这是低价格水平调整的关键假设；这些模型中的货币政策只会通过其实际利率效应来影响产出和通胀。这在当前背景下确实是一个有些危险的假设。迟缓的价格调整是价格调整具有成本的结果。在交易成本被技术进步大幅度降低的世界中，假设价格调整成本依然不受影响是很奇怪的。因此，继续认为货币政策效力主要依赖于被法定的价格同样也是可笑的。

这都是怪异的，因为这样的依赖不是必要的。将短期利率看做唯一的货币政策传递者在理论上和经验上都是不必要的。Allan Meltzer（1999a）最近总结了认为该规范并不恰当的理论体系和证据。他认为，只要价格是黏性的，实际利率就会受中央银行操作的影响，实际货币基础也是如此，而且除了实际利率变化的影响以外，实际货币基础的变化也会影响总需求。Meltzer（1999b）从美国发现了支持这一观点的经验证据，同样 Nelson（2000）在英国也有这样的发现，[23]他对其结果清晰地总结如下：

回归的共同特征在于，对于美国和英国而言，实际货币增长以相当大的、正向的和显著的方式进入产出回归，而实际利率一般以负号形式进入，虽然实际利率项的符号和显著性在跨子样本中比起货币增长项而言更缺乏一致性？（Nelson，2000，13；加了着重）。

这些经验结果与两个完全不同的分析是一致的。其中一个基于假设效用在消费和实际货币持有中是不可分离的方法。这解释了 IS 函数中实际货币余额项是最优行为的结果。Koenig（1990）报告了支持此观点的结果，但其他研究认为实际余额的系数可能很小。[24]

货币的直接作用也许能用一个有更早起源的方法来支持和解释。大卫·休谟（David Hume，1752）认为货币通过许多不同的渠道影响经济，并将此思想以比喻的形式表达出来——水从一个地方流向另一个地方——这在关于货币传导过程的讨论中经常被提到：[25]

货币总是能找到上百条渠道回流，很多渠道我们都不知道或者没有想到。……上千年来，欧洲的货币通过一条公开已知的渠道流入罗马；但它又通过许多秘密和未被察觉的渠道流尽（休谟，1752/1955 重印，48）。

Friedman 和 Schwartz（1962，46 -87）也表达了此多渠道观点：

企图修正（来源于货币存量增加的）资产组合不平衡提高了服务流来源相对于服务流本身的价格，这导致对服务流的支出增长并进而产生新的服务流来源。……名义收入的加速增长迟早将采取提高价格的形式，因为初始头寸被假设为一种均衡且我们没有引入任何东西来改变名义收入的长期趋势。

Brunner 和 Meltzer（1993）也表述了这一观点，Meltzer（1999b，

10）也对此观点进行了非常简要的说明：

货币政策通过改变相对价格发挥作用。存在许许多多这样的价格。有些经济学家错误地相信……货币政策只能通过改变单一的短期利率来发挥作用。

他（1999a，10－11）认为货币余额在传输机制中至关重要。他认为“意愿与真实实际余额之间的缺口是对恢复完全均衡要求的相对价格调整的一种测度”。

我们将不可兑换货币与电子化物物交换进行比较的正式模型也得到了这样的结果，即对不可兑换货币发行的控制限制了价格水平，而无须任何通过利率渠道的媒介。该模型表明的实际以及名义确定性与 Tsomocos（1996，2003a，2003b）的研究结果一样。这与在实际配置方面具有“有限”数量均衡的经典竞争模型不同；只有相对价格能被确定。我们的模型通过私人流动性财富的存在来解决名义不确定性。[26]流动性财富意味着一种商品或一种货币工具能被用来在实际、金融或银行交易中与货币进行互换，并且其转换率是由制度事先确定的。确定性观点和后续非中性结果的本质在于货币政策影响名义变量，但如果私人流动性财富是非零的，那么货币变化会直接影响代理人的禀赋，导致不同的最优选择，进而导致不同的实际消费。确定性和货币非中性问题是紧密联系在一起的，并且在分析上是等价的。

最后，如果模型没有名义上确定的均衡，那么对存在特定支付手段（不可兑换货币或者电子化物物交换）的交易的讨论就是不合理的。如果多重价格水平支持同一个均衡实际配置，那么比较不同支付手段交易的相对好处就是不可能的。[27]

3.6　总结

本文我们首先提出了（一个非常传统的）论点，即货币的演进是为了通过节约信息来降低交易成本。

然后，我们提出了货币由于该属性而存在的一个正式模型，并对不可兑换货币体系的运行成本与电子化物物交换体系的运行成本进行了比较。关键成本参数被确定。结果表明，首先，在该框架中不可兑换货币要优于（廉价于）电子化物物交换，除非通货膨胀推高了名义利率。其次，商品量提高对电子化物物交换成本的增加要快于对使用不可兑换货币成本的增加。最后，使用不可兑换货币的成本下限总是低于电子化物物交换的成本下限。因此，不可兑换货币比起电子化物物交换是更优的交易技术；使用其的交易链本质上具有更低的信息要求。这导致非银行公众对不可兑换货币的需求，并反过来导致银行部门对不可兑换货币的需求。他们共同的需求将不仅确保中央银行的生存，而且确保其维持对以其所发行货币度量的价格水平的控制。支付体系的制度变迁无疑对中央银行操作具有量上的影响，但没有质上的影响。

参考文献

Alchian, A. A. (1977) "Why money?" *Journal of Money, Credit and Banking*, 9: 133 -40.

Brunner, K. and Meltzer, M. (1971) "The uses of money: money in the theory of an exchange economy", *American Economic Review*, 61: 784 -805.

Brunner, K. and Meltzer, A. (1993) *Money and the economy: issues in monetary analysis*, Cambridge: Cambridge University Press.

Capie, F. H. (1986) "Conditions in which very rapid inflation appears", *Carnegie -Rochester Conferences on Public Policy*, 24: 115 -65.

Capie, F. H. and Gomez, Y. (2002) "Electronic money: a survey of 'potential users'", *Bank of Finland Economic Trends*, Helsinki.

Clower, R. W. (1969) "Introduction", in R. W. Clower (ed.), *Readings in Monetary Theory*, London: Penguin.

Drèze, J. and Polemarchakis, H. M. (2000) "Monetary equilibria", in G. Debreu, Neuefeind, W. and Trockel, W. (eds), *Economic Essays: a*

Festschrift for Werner Hildenbrand, Heidelberg: Springer, 83 – 104.

Dubey, P. and Geanakoplos, J. (1992) "The value of money in a finite – horizon economy: a role for banks", in Dasgupta, P. and Gale, D. et al. (eds), *Economic Analysis of Markets and Games*, Cambridge: MIT Press.

Dubey, P. and Geanakoplos, J. (2003) "Monetary equilibrium with missing markets", *Journal of Mathematical Economics*, 39: 585 – 618.

Dubey, P. and Shubik, M. (1978) "The non – cooperative equilibria of a closed trading economy with market supply and bidding strategies", *Journal of Economic Theory*, 17: 1 – 20.

Dubey, P. and Shubik, M. (1980) "A strategic market game with price and quantity strategies", *Zeitschrift für Nationalokonomie*, 40: 25 – 34.

Friedman, M. (1956) "The quantity theory of money: a restatement", in M. Friedman (ed.), *Studies in the Quantity Theory of Money*, Chicago: University of Chicago Press.

Friedman, M. and Schwartz, A. J. (1962) *A Monetary History of the United States*, Princeton: Princeton University Press.

Fuhrer, J. C. and Moore, G. R. (1995) "Monetary policy trade – offs and the correlation between nominal interest rates and output", *American Economic Review*, 85: 219 – 39.

Giraud, G. (2003) "Strategic market games: an introduction", *Journal of Mathematical Economics*, 39: 355 – 75.

Glasser, D. (1989) *Free Banking and Monetary Reform*, Cambridge: Cambridge University Press.

Gomez, Y. (2001) "Electronic money and the monetary system", unpublished PhD thesis, City University, London.

Goodhart, C. A. E. (2000) "Can central banking survive the IT revolution?" *International Finance*, 3: 189 – 202.

Grandmont, J. – M. (1983) *Money and Value*, Cambridge: Cambridge

University Press.

Hume, D. (1752), "Of money", reprinted in E. Rotwein (ed.) (1955) *Writings on Economics*, London: Nelson.

Hurwicz, L. (1960) "Optimality and informational efficiency in resource allocation processes", in K. J. Arrow, S. Karlin and P. Puppes (eds), *Mathematical Methods in the Social Sciences*, Stanford: Stanford University Press.

Hurwicz, L. (1973) "The design of mechanisms for resource allocation", *American Economic Review*, 63: 1 – 30.

Keynes, J. M. (1935) *A Treatise on Money*, Vol. 1, London: Macmillan.

King, M. (1999) "Challenges for Monetary Policy: Old and New", paper prepared for the Symposium on "New Challenges for Monetary Policy", 27 August, sponsored by the Federal Reserve Bank of Kansas City at Jackson Hole, Wyoming.

King, M. (2002) "No money, no inflation – the role of money in the economy", *Bank of England Quarterly Bulletin* (Summer): 162 – 74.

Koenig, E. F. (1990) "Real money balances and the timing of consumption: an empirical investigation", *Quarterly Journal of Economics*, 105: 399 – 425.

Latzer, M. and Schmitz, S. W. (2002) *Carl Menger and the Evolution of Payment Systems: From Barter to Electronic Money*, Cheltenham: Edward Elgar.

Lucas, R. E. (1980) "Equilibrium in a pure currency economy", in J. H. Kareken and N. Wallace (eds), *Models of Monetary Economies*, Minneapolis: Federal Reserve Bank of Minneapolis.

McCallum, B. (1985) "Bank regulation, accounting systems of exchange, and the unit of account: a critical review", *Carnegie – Rochester Conference Series on Public Series*, 23: 13 – 45.

McCallum, B. (1989) *Monetary Economics: Theory and Policy*, New York: Macmillan.

McCallum, B. (1999) "Theoretical analysis regarding a zero nominal bound for interest rates", *Journal of Monetary Economics*, 32: 163 – 72.

McCallum, B. (December 2003), "Monetary policy in economies with little or no money", National Bureau of Economic Research Working Paper, Cambridge.

McCallum, B. and Nelson, E. (1999a) "An optimising IS – LM specification for monetary policy and business cycle analysis", *Journal of Money, Credit and Banking*, 31: 296 – 316.

Meltzer, A. H. (1998) "What is money?", in G. E. Wood (ed.), *Money, Prices and the Real Economy*, Cheltenham: Edward Elgar, 8 – 18.

Meltzer, A. H. (1999a) "The transmission process", Working Paper, Carnegie – Mellon University.

Meltzer, A. H. (1999b) "A liquidity trap", Working Paper, Carnegie – Mellon University.

Menger, C. (1892) "On the origin of money", *Economic Journal*, 2: 239 – 55.

Mills, T. C. and Wood, G. E. (1977) "Money substitutes and monetary policy in the UK 1922 – 1971", *European Economic Review*, 10: 19 – 36.

Mills, T. C. and Wood, G. E. (1982) "Econometric evaluation of alternative UK money stock series, 1870 – 1913", *Journal of Money, Credit and Banking*, 14, 245 – 67.

Monnet, C. (2002) *Optimal Public Money*, Typescript, Frankfurt/Main: ECB.

Nelson, E. (2000) "Direct effects of base money on aggregate demand: theory and evidence", Bank of England Working Paper no. 122, London.

Niebans, J. (1978) "The Theory of Money", Baltimore: John Hopkins University Press.

Radford, R. A. (1945), "The economic organisation of POW camp", *Economica*, 12: 189 – 201.

Selgin, G. A. and White, L. H. (2002) "Mengerian perspectives on the future of money", in M. Latzer, S. W Schmitz (eds), *Carl Menger and the Evolution of Payments Systems: From Barter to Electronic Money*, Cheltenham: Edward Elgar, 133 – 58.

Shapley, L. (1976) "Noncooperative general exchange", in: S. Lin, (ed.), *Theory of Measurement of Economic Externalities*, New York: Academic Press, 155 – 175.

Shapley, L. and Shubik, M. (1977), "Trade using one commodity as a means of payment", *Journal of Political Economy*, 85: 937 – 68.

Shubik, M. (1973) "Commodity money, oligopoly, credit and bankruptcy in a general equilibrium model", *Western Economic Journal*, 10: 24 – 38.

Shubik, M. (1990) "A game theoretic approach to the theory of money and financial institutions", in B. M. Friedman and F. H. Hahn (eds), *Handbook of Monetary Economics*, Amsterdam: North Holland, 171 – 219.

Shubik, M. (1999) *The Theory of Money and Financial Institutions*, Cambridge: MIT Press.

Shubik, M. and Tsomocos, D. P. (2002) "A strategic market game with seigniorage costs of fiat money", *Economic Theory*, 19: 187 – 201.

Shubik, M. and Wilson, C. (1977) "The optimal bankruptcy rule in a trading economy using fiat money", *Zeitschrift für Nationalokonomie*, 37: 337 – 54.

Smith, A. (1776) "The Wealth of Nations", The University of Chicago Press, 1981 edition.

Stigler, G. J. (1972) "The law and economics of public policy: a plea to scholars", *Journal of Legal Studies*, 1: 1 – 12.

Tsomocos, D. P. (1996) "Essays on money, banking and general economic equilibrium", unpublished PhD thesis, Yale University.

Tsomocos, D. P. (2003a) "Equilibrium analysis, banking, contagion, and financial fragility", Bank of England Working Paper No. 175, London.

Tsomocos, D. P. (2003b) "Equilibrium analysis, banking and financial instability", *Journal of Mathematical Economics*, 39: 619 –55.

Wicksell, J. (1935) "Lectures in Political Economy", Vol. 2, London Routledge and Kegan Paul.

Wood, G. E. (1995) "The quantity theory in the 1980s", in W. Eltis (ed.), *The Quantity Theory of Money: From Locke and Hume to Friedman*, Cheltenham: Edward Elgar.

Yeager, L. B. (1968) "Essential properties of the medium of exchange", *Kyklos*, 21: 45 –69.

注释

1　本文仅代表作者个人观点，不代表英格兰银行、城市大学、LSE 或牛津大学的观点。

作者感谢 Peter Andrews、Willem Buiter、Charles Goodhart、Mervyn King、Andrew Liliko、Stefan W. Schmitz、Martin Shubik、奥地利科学院研讨会的参与者、英格兰银行、欧洲中央银行以及 2003 年在印度孟买举行的博弈论国际会议。文责自负。

2　Radford，1945。

3　McCallum（2003）强调，记账媒介的选择具有重大意义，而且一旦做出选择，后续的记账单位选择就无关紧要了。他给出的例子是选择黄金或白银作为记账媒介极其重要，但一旦做出选择，作为记账单位的数量就不重要了。在美国 1896 年总统选举前夕，对复本位制的争论证明了这一点。

4　该文的全部文本最近被翻译成英文并在 Latzer 和 Schmitz（2002）中可以看到。

5　参见 Latzer 和 Schmitz（2002）。

6　货币“交易成本”理论最完整的现代表述可参见 Karl Brunner 和 Allan Meltzer 的作品，其中最为详细的表述参见 Brunner 和 Meltzer（1971）。Alchian（1977）也提出了这样的论点，Yeager（1968）指出了其对宏观经济行为的影响。关于货币发展是私人行为结果的论点还没有得到解释，因为所有货币现在都是国家货币。某些学者［如 Goodhart（2000）］认为国家货币是一种本质上更优的“信用制度符号”（使用了 Shubik

的货币定义)，而其他学者［如 Glasser（1989）］持相反观点，指出在被法律消灭之前，私人铸币是能成功存在的。解释国家货币占优的正式模型可在 Monnet（2002）中找到。另一个使社会更倾向于国家货币而不是私人不可兑换货币的因素是国家的偿付能力相对而言是不成问题的。也参见脚注 14。

7 Wicksell（1935）、Niehans（1978）和 McCallum（1985）。

8 参见如 Drèze 和 Polemarchakis（2000）、Dubey 和 Geanakoplos（1992，2003）、Grandmont（1983）以及 Lucas（1980）。

9 不同类型货币贬值率的计算可参见 Shubik 和 Tsomocos（2002）。

10 更为广泛的展示和讨论参见 Shubik 和 Tsomocos（2002）。

11 例如系数为 γ_l，$\forall l \in L$，$Z_{L+1} = \min[\gamma_l x_l^g, \cdots, \gamma_L x_L^g]$ 的里昂惕夫生产技术。如果选择其他技术，唯一均衡可通过如价格水平目标等外生制度约束来确保。

12 政府购买都被用于生产流程，即政府无法从消费中获得效用。

13 在数学上，最小化 r 等价于最大化 $-r$。

14 为了不失一般性，我们设想完全竞争情况（即连续的代理人集）。因此，在最优化问题中代理人把价格视为固定的。

15 要注意的是，商品不能直接与商品进行交换的约束不是强加的，而是我们先前关于货币交易优于原始物物交换的论点的自然结果。

16 对不同市场结构及其对交易影响的广泛讨论被包含在 Shubik（1999）中。

17 我们隐含地假设我们处于均衡之中以使代理人参与所有市场。

18 恶性通货膨胀导致货币被物物交换取代的原因在上述提出的关系中有总结。在恶性通货膨胀中，名义利率异常增高。关于类似场景的评述参见 Capie（1986）。

19 这方面的更多内容参见 Shubik 和 Tsomocos（2002）以及 Tsomocos（1996，2003a，2003b）。

20 我们并没有暗示在没有这样的需求时，中央银行就会失去对短期利率的控制。Goodhart（2000）认为中央银行能通过其承受损失的能力来控制利率的观点对于我们来说是正确的，尽管 Selgin 和 White（2002）持反对意见。

21 参见 Fuhrer 和 Moore（1995）。

22 参见 McCallum 和 Nelson（1999a）。

23 结果并不新颖；早期研究［如 Mills 和 Wood（1977）］就在英国的数据中发现了基础货币与价格水平的长期关系。

24 参见 McCallum（1999）。

25 关于数量理论发展和“流水”比喻历史的讨论参见 Wood（1995）。

26 Tsomocos，1996。

27 McCallum（2003）通过不同路径得到了相同结论。其与上述论点明确相关的在于其关注银行方面对基础货币的自愿需求，即在没有准备金要求的情况下对基础货币的需求。不同的是，他认为准备金利息的支付也同样能实现这样的需求。

4. 不断演变的支付场景及其对货币政策的影响

Sujit Chakravorti[1]

关于交易经济学和货币作用的文献是相当广泛的，但经济学家对支付体系演进及其对货币政策潜在影响的研究很少。[2] 一个平滑运行的支付体系对于货币政策的有效实施是至关重要的。本章要回答的关键问题是：(1) 支付体系是如何演进的？(2) 推动新支付工具被采纳的经济动力是什么？(3) 支付体系的最新发展会限制中央银行实施货币政策吗？

在发达经济体中，大额支付系统于多年前就转向了电子化系统，并占据了支付转账总额的大部分，但大额支付在支付总交易量中只占少部分。[3] 另一方面，对许多发达经济体的小额或零售交易而言，从纸质支付向电子化替代品的转移却要明显慢得多。如今，越来越多的支付是通过支付卡进行的，既可以是借记客户在金融机构的交易账户，也可以是获得金融机构或商户提供的信用额度。使用现金以及支票的交易在大多数发达经济体都在持续下降。

最近，储值卡（通常是一种大小与信用卡类似的塑料卡）能模拟货币的许多特征。在本章，储值卡被定义为货币价值并记录在卡上，且交易完成不需要在线验证的一种卡。虽然通用储值卡的采用速度很慢，但储值卡却被成功运用于诸如大学校园、军事基地和运输系统等封闭系统。金融机构以及商户开始考虑将封闭式支付机制扩展到更多类型的商户。

本章将讨论支付体系的最新趋势，研究支持采用新支付工具的经济动力，并探讨这些变化对货币政策的影响。新的支付趋势表明了从现金和支票向其他电子化支付工具的转移。本章将对建立在网络经济学文献基础上研究推动采用新支付工具的内在因素的最新经济学文献进行回顾。

虽然不同的国家处于转向电子化的不同阶段，但这一转变并没有影响中央银行实施货币政策的能力。在本章，笔者认为向现金替代物的转移将不会影响货币政策，除非大多数交易的最终银行间结算是通过非中央银行发行的准备金进行的。而且，如果中央银行维持价格稳定并提供充足的通货量，那么其通货并非一般可接受交易媒介的可能性是微乎其微的。在第4.1节，将讨论支付体系和最新趋势。第4.2节将讨论新兴支付工具的经济学。第4.3节探究货币交换的成本和收益。第4.4节研究支付体系最新发展的影响及其对货币政策的意义。第4.5节总结全文。

4.1 支付术语与趋势

支付体系包括交易方发起支付的手段，将交易者的发起报文传送给其银行并在银行间传送报文以进行银行间支付的通信和计算机设施，确定交易者及其银行的权责以便利他们之间进行协调的合约、法律、规章和行业标准，等等。图4.1描绘了通过访问金融机构账户进行的支付交易中非现金支付和付款方与收款方间的相应结算。[4] 支付是通过金融机构进行处理的，其中收款方账户被贷记而付款方账户被借记基本交易金额。被电子化清算和结算的支付拥有广阔的信息网络来授权支付并将报文发往相应机构以进行支付。

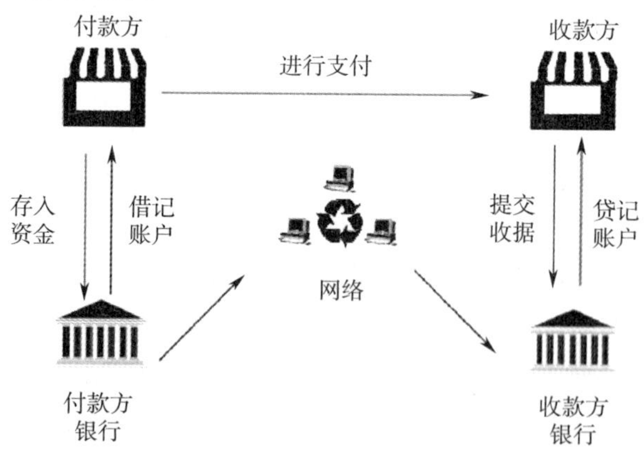

图4.1 支付交易

在大多数支付网络中，最终银行间结算是通过中央银行准备金进行的。支付网络计算金融机构间交易的净额，并用金额小得多的在中央银行持有的准备金进行结算。图 4. 2 描绘了从交易方开始并最终以中央银行发行的准备金结束的支付流。对于大多数支付交易，收款方和付款方通过与金融机构间的联系发起支付。金融机构尤其是银行通过支付网络处理这些交易。在大多数情况下，金融机构的最终结算头寸是通过支付网络进行结算的，其中最终结算发生在金融机构持有准备金的中央银行的账簿上。在大多数发达经济体，准备金转账发生在由中央银行运行的系统上。

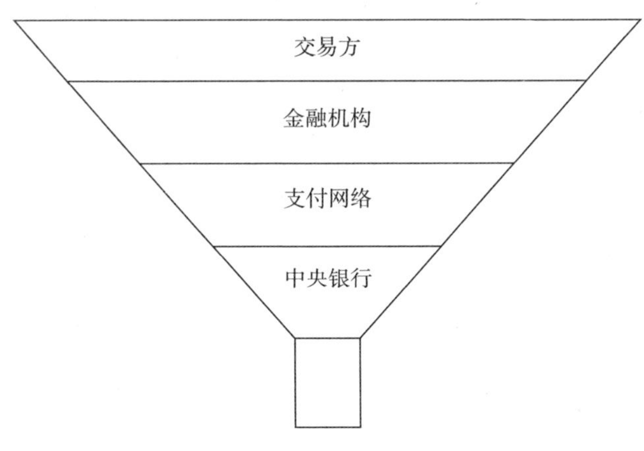

图 4. 2 资金流

支付交易可被划分为三组类型：以价值为基础的交易、以账户为基础的交易和以信用为基础的交易。[5] 以价值为基础的交易涉及交易时刻的货币价值转移。通货是价值基础交易的一个例子。货币价值被储存在卡上的预付卡支付也是价值基础交易的例子。[6] 以账户为基础的交易是货币价值从付款方的金融机构账户向收款方的金融机构账户的转移。支票和借记卡都是账户基础交易的例子。以信用为基础的交易涉及向商品和服务购买方扩展信用的第三方。信用基础交易的例子是信用卡和记账卡。

多个估算都表明现金交易量在下降。[7] 现金使用在发达经济体中存在差异。图 4. 3 描绘了 1970 年至 2002 年通货持有占 GDP 的比率。除了日本、德国和美国等3个国家以外，其他国家的该比率都下降了。在日本，鉴于相对安全的资产非常低的名义回报率以及很低的犯罪率，持有现金的成本格外低。在美国美元和德国马克市场，有很大数量被国外持有，而且这些通货的国外持有在所考虑时间段内都在增长。然而，该比率的增长并不必然表明交易动机的现金使用在增长，因为该测度没有将货币的储值职能与交易媒介职能区分开来。

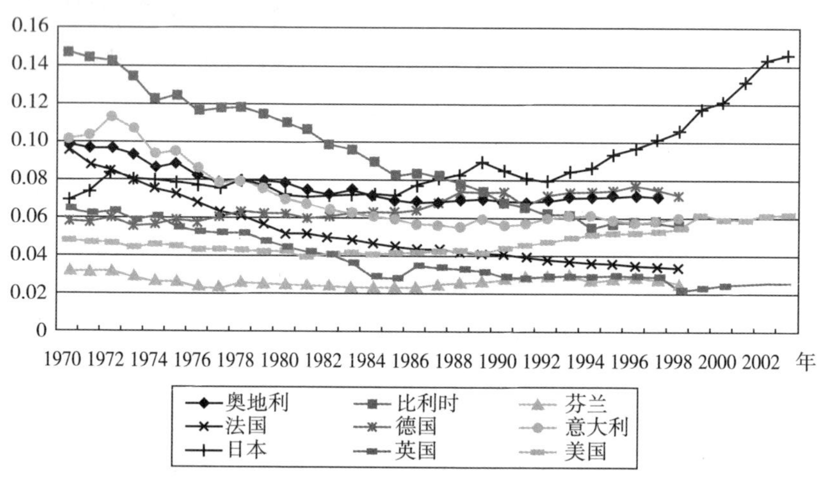

图4.3 9个发达经济体的通货持有额/GDP

不同国家现金使用的另一个测度是非现金交易量。表4.1展示了2001年人均非现金工具的年度使用情况。意大利（52）和日本（29）较低的非现金交易总量意味着这些国家的居民是相对更重度的现金使用者。另一方面，芬兰（186）、法国（201）和美国（270）相对更高的非现金交易总量意味着这些国家的居民是轻度现金使用者。但是，不同国家人均非现金交易的比较可能是有问题的，因为每个国家居民每年的支付总量存在差异。

表4.1　　2001年按工具计算的人均非现金支付

	支票	借记卡	贷记卡	直接贷记	直接借记	合计
奥地利	1	13	4	66	34	118
比利时	6	45	数据不可用	73	17	153

续表

	支票	借记卡	贷记卡	直接贷记	直接借记	合计
芬兰	1	56	23	98	9	186
法国	71	60	数据不可用	36	34	201
德国	4	15	4	85	62	151
意大利	10	7	5	18	11	52
日本	2	0	18	10	数据不可用	29
英国	43	45	26	32	36	185
美国	145	44	60	14	8	270

数据来源：支付结算体系委员会（多年）和欧洲中央银行（2004）。

美国最近的一项调查指出，现金使用在下降。由美国银行家协会和德夫咨询所做的大商场支付使用调查表明，场内购买中现金支付量要低于卡支付量（美国银行家协会，2003）。根据这一研究，场内现金购买所占百分比自 1999 年的 39% 下降到 2003 年的 32%，而贷记和借记卡支付从 43% 增长到 52%。贷记卡系统在此期间保持稳定，而借记卡系统增长了 10 个百分点。在此期间，支票支付下降了 3 个百分点。预付卡在场内购买中仅占 2%。此证据表明，在预付卡已开始进入支付市场的同时，消费者主要还是使用借记卡作为场内现金购买的替代。

图 4.4（应为表 4.1，译者注）中各国居民已完全或正持续地从支票和其他以非电子化账户为基础的交易转向以账户为基础的电子化支付工具。支票使用继续在工业化国家下降。[8] 在人均支票使用最高的三个国家——法国、英国和美国，人均支票使用在 1997 年至 2002 年间至少下降了 17%。贷记卡和借记卡支付以及其他电子支付占了支票量下降的相当部分。

4.2 新兴支付工具经济学

除了更为成熟的支付工具以外，多种类型的支付工具依然在试图获得市场渗透。例如，储值应用在诸如交通系统、大学、军事基地和船舶等特定封闭环境中都达到了临界数量。但通用储值卡相对于其他更成熟的支付工具而言在支付量上还没有获得足够的市场渗透。

Chakravorti（2004）认为通用储值卡的采用需要满足三个必要条件。第一，储值卡必须为所有支付体系参与者在某些交易类型上提供更多的好处。第二，消费者和商户应该同时从储值卡中获益。第三，新支付工具的错误率应该处于低水平。这些条件也同样适用于任何新兴支付工具的采用。

消费者、商户和支付提供商都必须能从向适用于特定类型交易的不同支付工具的转移中获益。[9] 例如，信用卡的引入允许消费者在销售端获得短期无担保信用额度，允许商户向流动性和信用受限的客户出售商品和服务，同时将内在信用风险转移给第三方，并允许金融机构从消费者和商户中赚取收入。不少经济模型都发现了信用卡改进社会福利的条件。Chakravorti 和 Emmons（2003）认为，当消费者受到流动性限制时，消费者就能从消费中获益，而商户则从向流动性受限的个人进行销售而获利。Rochet 和 Tirole（2003）以及其他对其模型进行扩展的学者都建立模型发现了非现金支付改进消费者和商户福利的条件。

支付服务能被看做网络商品。[10]当现有用户的收益随着新用户数量的增加而增长时，商品就被定义为网络商品。[11]用于描述网络商品的经典例子是传真机。购买一台传真机的价值直接与传真机现有数量相关。每一台额外的传真机都会增加每位现有传真机用户的收益。而且，网络商品必须达到一个最低采用阈值点。Economides 和 Himmelberg（1995）将这一最小值称为临界数量。他们同样发现，该临界数量点并不依赖于相关商品或服务的市场结构。

事实证明，协调对不同支付体系参与者的激励以达到临界数量对于新支付服务提供商而言是一项非常艰巨的任务。支付服务除了是网络商品以外，它们还是双边的。对于支付而言，付款方只有在有足够数量的收款方接受此支付形式时才会采纳某种支付工具。换句话说，支付网络运行者必须要有能力使双边都上车。只要有两方截然不同的终端用户，而且他们采用的决策依赖于另一方的需求，支付服务市场就是双边的。[12]当向每方终端用户收取的价格率会影响另一方终端用户对商品或服务的使用，并且两方终端用户无法直接对价格进行协商时，该商品或服务就被认为是双边的。诸如贷记卡和借记卡等支付服务通常向商户和消费者收取不同的金额。[13]这样的定价决策并不是支付体系所独有的，也存在于其他商品中，如报纸（读者和广告商）、Adobe Acrobat（读者和作者），以及酒吧——其中男人比女人收取的入场费更高以鼓励更为性别平衡的光顾，而这大概更受男人和女人欢迎。

推动采用新支付工具的一个关键经济因素是避免错误使用的安全性水平和哪个实体要为这些错误使用的交易负责。[14]相关监管结构上的常见差异会影响哪个实体要为没有结算的交易负责，从而导致对不同支付工具的不同采用率。[15]声誉常常是支付工具采用的一个关键动力，因为支付供给商可能会赔偿损失以保护其品牌。

除了这些决定新支付服务采用的一般因素以外，对于储值支付工具而言还存在一些关键的环境因素。Van Hove（2004）对于储值工具的成功应用提出了特定的关键特征。储值工具更可能侵入那些现金密集型的市场和商户区位。Van Hove 指出，在一些斯堪的纳维亚国家，借记卡被用于相对小额的支付。消费者和商户不为借记卡支付费用，这导致借记卡在相对小额的交易中被大量使用。Van Hove 还认为不同电子支付网络的某些最低适宜水平对于储值工具的采用是必要的。换句话说，借记卡使用和储值工具采用之间的关系可能是拱形的，其中电子支付网络的最低渗透水平有助于储值产品的采用，但储值产品过高的采用又会对电子支付网络造成阻碍。

储值产品在对时间要求严格的支付（公共交通）中一般是成功的，并与高现金处理成本（投币式自动售货机）或者停车计时器和公用电话亭等破坏公物问题相关。Van Hove 认为将储值卡放在消费者手中并让商户装备验证终端并不是增加使用的充分条件。虽然通用储值工具已在多个国家有所尝试，并在一些细分应用上获得了巨大的成功，但在交易量上还没有达到临界数量。

使用储值工具的一个充分条件是在那些不存在什么很好替代选择的特定类型购买上移除其他支付形式。例如，中国香港大众交通唯一接受的支付方式——八达通卡就达到了临界数量。八达通卡运营商现在已将其用途扩展到了非交通购物。[16]一些美国交通服务商也考虑将其储值产品扩展到其他商户。

为了模仿储值卡的微支付细分市场，一些支付供给商在访问客户账户之前将小额支付汇总为更大额支付。由于相对较小的交易规模，微支付一般处理成本较高。在一些国家，手机运营商允许客户使用其手机账户进行一些金额相对较小的购物。其客户支付发生在手机账单支付的时候。

4.3 货币交换

货币经济学家认可货币交换在大多数情况下相对于物物交换而言一般能带来福利改进的观点。货币被定义为一种资产，其能重复地与商品进行交换而无须第三方中介。在历史上，货币采用了多种形式，从贵金属到货币当局发行的通货。如今，中央银行发行的通货在大多数国家成为一般可接受交易媒介并作为记账单位。除了通货以外，中央银行还能构建准备金用于对金融机构间的货币债务进行对冲。发达国家的大额支付是由中央银行准备金结算的。因此，中央银行准备金是银行间转账支付的交易媒介。

虽然货币交换有明确和被证明的益处，但电子化交易系统的最新进步，尤其是通过互联网，会提高特定交易类型中物物交换的效率。[17] Capie、Tsomocos 和 Wood（第 3 章）考虑了电子化物物交换优于货币交换的环境因素。他们发现，不可兑换货币要优于物物交换，除非交易成本和预设的利率为 0。在他们的模型中，利率是已贬值不可兑换货币的置换成本的函数。换句话说，利率覆盖了贬值货币的置换成本以及每次交易中收集和处理信息的联合成本。所考虑的模型具有固定的外生货币供给，并以成本 r 维持此供给。

他们的模型中一个有趣的扩展是考虑其他交易媒介。例如，商品可以用内部货币进行交换的俱乐部就存在于大萧条时期的美国和 2005 年处于市场衰退期的阿根廷。[18]虽然这些通货都没有在这样的小圈子之外流通，但其确实允许进行交易。

他们的模型中另一个有趣的扩展是设置一家清算所，通过对每个代理人的应收应付款进行轧差来使用不可兑换货币进行结算。这样就减少了必需的货币持有量。事实上，大额结算系统仅使用全部交易总额的很小部分进行结算。如果代理人是卖方和买方，清算所就只需要更少的资金进行结算。在这样的模型中，支付手段会改变，但最终结算媒介不会改变。

Capie、Tsomocos 和 Wood 展示的模型提出了物物交换不会劣于货币交换的场景。大部分交易为内部交易的远程交易就会导致倾向于物物交换。会有些公司用过剩产能交换其他商品的过剩产能。不幸的是，这样的清算所一般不会存在。中央银行发行通货更为可能的替代物是私人发行的通货。累计飞行里程也许就能被当做一种具有记账功能的交易媒介，能用于购买商品和服务。但在大多数情况下，累计飞行里程是不可转账的，单个账户无法被合并，里程也不能常规出售，且仅能用于购买小范围内的商品和服务。未来研究应该探讨私人发行和中央银行发行通货同时流通的条件，特别是当货币当局提供了足够通货并保持价格稳定时。[19]

4.4 货币政策

在本部分，我们讨论其他交易媒介对中央银行实施货币政策能力的影响。其他交易媒介的兴起直接受到了中央银行行为的影响。在支付体系持续演进的同时，最终结算媒介的记账单位是没有变化的。正如前面所讨论的，发行在外的现金在绝大多数发达国家并没有急剧下降，但调查结果表明现金交易在不断下降。而且，许多小额交易被汇总为中等金额的支付。虽然存在着从通货向借记卡和贷记卡等其他支付工具的转移，但银行间支付量并没有下降。1987—2003 年，银行间支付额（Fedwire 资金转账和 CHIPS 支付这两个美国银行间支付网络）实际增长了 80%。

Freedman（2000）和 Goodhart（2000）对 Friedman（1999）关于中

央银行在不发行和控制交易媒介的环境下会失去货币政策实施能力的论断提出了质疑。Freedman 和 Goodhart 都讨论了其他的货币政策工具。Schmitz（本书第 5 章）强调中央银行作为最终结算媒介提供者的角色不会在可见的将来受到挑战。考虑到支付体系的最新发展，中央银行在发达经济体也不大可能会失去其作为最终结算媒介（中央银行准备金）提供者的垄断地位。

在历史上存在着双重货币同时流通的时期。那些经历高通胀率的国家目睹了国外货币的流通。但是，中央银行能通过实现价格稳定和提供足够流通通货来避免这些国外货币的流通。Kroszner（2003）认为，电子支付系统的进步和对其他不可兑换货币的获取对国内中央银行施加了压力，以促使其坚持价格稳定的政策。

只要最终结算是通过以国内货币计价的资金进行的，支付媒介的转变就不会影响中央银行实施货币政策。但是，如果中央银行没能充分地维持价格稳定或提供足够的通货，具有不同记账单位的其他交易媒介就会同时流通。

4.5 总结

支付技术进步持续地改善着支付体系和一般金融市场的效率。首先，在发达经济体存在着趋向更加电子化支付工具的趋势。虽然通货持有占 GDP 的比率并没有在所有发达经济体都下降，但调查表明，以交易为目的的通货使用在下降。其次，存在着某些现金密集型服务提供商发行封闭式储值工具的趋势。虽然通用储值卡也在某些国家流通，但其使用依然相当受限。但不管怎样，记账单位依然还是中央银行发行的不可兑换货币。

进一步的研究应该考虑中央银行所发行货币被其他通货控制的条件。从历史上我们可以知道，如果中央银行实现了价格稳定并提供足够的通货，非政府发行且一般可接受的交易媒介的可能出现是完全可忽略的。

参考文献

American Bankers Association (2003) "Consumers Now Favor Credit and Debit over Cash and Checks as Payment for In - Store Purchases", Press Release, December 16.

Andreeff, A., Binmoeller, L. C., Boboch, E. M., Cerda, O., Chakravorti, S., Ciesielski, T. and Green, E. (2001) "Electronic Bill Presentment and Payment—Is It Just a Click Away?" *Federal Reserve Bank of Chicago Economic Perspectives* (fourth quarter): 2 - 16.

Armstrong, M. (2004) "Competition in Two - sided Markets", *Mimeo.*

Berger, A. N., Hancock, D. and Marquardt, J. C. (1996) "A Framework for Analyzing Efficiency, Risks, Costs, and Innovations in the Payments System", *Journal of Money, Credit, and Banking*, 28: 696 - 732.

Chakravorti, S. (1997) "How Do We Pay?" *Federal Reserve Bank of Dallas Financial Industry Issues* (first quarter).

Chakravorti, S. (2004) "Why Has Stored Value Not Caught On?", *Journal of Financial Transformation*, 12: 39 - 48.

Chakravorti, S. and Davis, E. (2004) "An Electronic Supply Chain: Will Payments Follow?" *Federal Reserve Bank of Chicago Fed Letter* (September).

Chakrovorti, S. and Emmons, W. R. (2003) "Who pays for credit cards?" *Journal of Consumer Affairs*, 37: 208 - 230.

Chakravorti, S. and Roson, R. (2004) "Platform Competition in Two - Sided Markets: The Case of Payment Networks", Federal Reserve Bank of Chicago Working Paper WP - 2004 - 09.

Colacelli, M. and Blackburn, D. (2004) "Secondary Currency in Circulation: An Empirical Analysis", mimeo Harvard University.

Committee on Payment and Settlement Systems (CPSS) (1997), *Real - Time Gross Settlement Systems*, Bank for International Settlements: Basle.

Committee on Payment and Settlement Systems (CPSS) (various years), *Statistics on Payment and Settlement Systems in Selected Countries*, Bank for International Settlements: Basle.

Economides, N. (1996) "The Economics of Networks", *International Journal of Industrial Organization*, 14: 673 – 99.

Economides, N. and Himmelberg, C. (1995) "Critical Mass and Network Evolution in Telecommunications", in G. Brock (ed.), *Toward a Competitive Telecommunications Industry: Selected Papers from the* 1994 *Telecommunications Policy Research Conference*, Mahwah, NJ: Lawrence Erlbaum, 47 – 66.

European Central Bank (2004) *Payment and Securities and Settlement Systems in the European Union*, Frankfurt/Main: ECB.

Farrell, J. and Soloner, G. (1986) "Installed Base and Compatibility: Innovation, Product Preannouncements, and Predation", *American Economic Review*, 76: 940 – 55.

Freedman, C. (2000) "Monetary Policy Implementation: Past Present and Future – Will the Advent of Electronic Money Lead to the Demise of Central Banking?" *International Finance*, 3: 211 – 27.

Friedman, B. M. (1999) "The Future of Monetary Policy: The Central Bank as an Army with Only a Signal Corps?" *International Finance*, 2: 321 – 38.

Goodhart, C. A. E. (2000) "Can Central Banking Survive the IT Revolution?" *International Finance*, 3: 189 – 209.

Guthrie, G. and Wright, J. (2003) "Competing Payment Schemes", Working Paper No. 0311, Department of Economics, National University of Singapore.

Hancock, D. and Humphrey D. B. (1998) "Payment Transactions, Instruments, and Systems: A Survey", *Journal of Banking and Finance*, 21: 1573 – 624.

Katz, M. L. and Shapiro, C. (1985) "Network Externalities, Competition and Compatibility", *American Economic Review*, 75: 424 – 44.

Kroszner, R. S. (2003) "Currency Competition in the Digital Age", in D. Altig and B. D. Smith (eds) *Evolution and Procedures in Central Banking*, New York: Cambridge University Press, 275 – 99.

McAndrews, J. J. (1997) "Network Issues and Payment Systems", *Federal Reserve Bank of Philadelphia Business Review* (November/December): 15 – 25.

Osterberg, W. P. and Thomson, J. B. (1998) "Network Externalities: The Catch – 22 of Retail Payments Innovations", *Federal Reserve Bank of Cleveland Economic Commentary* (February).

Poon, S. and Chau, P. Y. K. (2001) "Octopus: The Growing e – Payment System in Hong Kong", *Electronic Markets*, 11: 97 – 106.

Roberds, W. (1998) "The Impact of Fraud on New Methods of Retail Payment", *Federal Reserve Bank of Atlanta Economic Review* (first quarter): 42 – 52.

Rochet, J. C. and Tirole, J. (2003) "Platform Competition in Two – Sided Markets", *Journal of European Economic Association*, 1: 990 – 1029.

Schmitz, S. W. (2002) "The Institutional Character of Electronic Money Schemes: Redeemability and the Unit of Account", in M. Latzer and S. W. Schmitz (eds) (2002), *Carl Menger and the Evolution of Payment Systems: From Barter to Electronic Money*, Cheltenham: Edward Elgar, 159 – 83.

Van Hove, L. (2004) "Electronic Purses in Euroland: Why do Penetration and Usage Rates Differ?" *SUERF Studies* 4, Vienna: The European Money and Finance Forum.

注释

1 我们感谢 Victor Lubasi 优秀的助研工作。本文仅代表作者个人观点，不代表芝加哥联邦储备银行或联邦储备体系的观点。文责自负。

2 Berger、Hancock 和 Marquardt（1996）提出了一个研究支付体系的框架，并对特刊中的多篇文献作了评述。Hancock 和 Humphrey（1998）评述了支付相关文献并提出了未来的研究领域。

3 关于大额结算系统的总结和数据统计参见支付和结算系统委员会（1997）以及支付和结算系统委员会（多年）。关于对美国大额系统的描述，参见 White（本书第 1 章）。

4 此图可稍加改变以考虑使用金融机构信用额度而非商品资金的支付。付款方不用存储资金，而是在金融机构获得支付时能使用的信用额度。在晚些时候，付款方再偿付信用额度的部分或全部。

5 关于支付工具术语的进一步讨论，参见 Chakravorti（1997）。

6 预付卡经常并不将货币价值记录在卡上，而是通过位于其他地方的账户获取货币价值。这种交易类型可被划分为以账户为基础的交易。

7 现金交易量难以测度，因为与支票和卡基支付不同，个人交易难以跟踪。这导致现金对于非法交易和避税而言是一个具有吸引力的支付工具。

8 但在美国，还存在一些支付领域，如 B2B 和消费者账单支付，在这些领域支票依然是更受欢迎的支付工具（Andreff 等，2001；以及 Chakravorti 和 Davis，2004）。但支票使用在这些支付领域也同样在下降。

9 强制采用的情况在这里并不在考虑之列。例如，硬币对纸币的成本替代主要依赖于货币当局对纸币的移除。

10 关于为什么支付服务是网络商品的杰出总结，参见 McAnrews（1997）、Osterberg、Thomson（1998）。

11 关于网络商品的更多内容，参见 Economides（1996）、Farell 和 Soloner（1986）与 Katz 和 Shapiro（1985）。

12 关于双边市场的更多内容，参见 Armstrong（2004）、Rochet 和 Tirole（2003）。

13 Chakravorti 和 Roson（2004）、Guthrie 和 Wright（2004）以及 Rochet 和 Tirole（2003）为应用于支付市场的双边市场研究构建了理论模型。

14 关于支付欺诈的讨论，参见 Roberds（1998）。

15 例如，信用卡的债务限制是其在互联网支付上占据主要市场份额的关键因素。

16 关于八达通卡的描述，参见 Poon 和 Chau（2001）。

17 即使是在货币化经济中，也有许多诸如拼车等交易是通过物物交换进行的。

18 关于辅助通货流通的更多讨论，参见 Colacelli 和 Blackburn（2004）。

19 Schmitz（2002）考虑了这些问题。

5. 电子货币与货币政策：电子货币间市场对于结算媒介和记账单位的作用

——一个关键性文献综述

Stefan W. Schmitz[1]

笔者在 Schmitz（2002b）中提出了电子货币制度结构的可能演变及其对中央银行提供一般可接受交易媒介和记账单位的垄断地位的影响。在第一部分，我简要总结电子货币可赎回性、记账单位和货币政策的分析方法、论点和结论。

本文着重讨论整体经济中正在发生的支付体系制度变革的不同模型及其反对意见，并尤其关注电子货币。我认为这些模型是不完整和不一致的，因此对这些模型的反驳加强了 Schmitz（2002b）中的结论。本文的分析重点是电子货币间市场（以下简称“货币市场”）对于结算媒介的作用，以及一般可接受交易媒介的存在性及其作为记账单位的功能。

本章结构如下：第一部分简要总结了关于电子货币机制的制度结构分析方法，以及 Schmitz（2002a，b）的研究结果；第二部分根据一般可接受交易媒介和记账单位的常见方法对关于电子货币和无货币世界的大量文献进行分类，并进而对每类模型作了关键性评估；第三部分总结研究结果并得出结论。

5.1 电子货币的可赎回性、记账单位与货币政策

在引言中，Schmitz 和 Wood 认为支付体系的制度变迁是由中央银行与商业银行（和最终用户）之间的政治经济互动所驱动的。新技术会产生间接影响，因为技术可以改变支付体系特定制度安排背后的激励机制

和成本。[2] 因此，下面章节将主要分析电子货币变迁对涉及支付体系制度结构核心特征——一般可接受交易媒介和记账单位的选择——的激励和成本产生的影响。

支付体系的演进受制于持续的制度变迁，如铸币、可转让存单和纸币、不可兑换货币与信用卡体系等的出现。而电子货币的扩散也是制度变迁的进一步实例。制度分析方法是探讨电子货币扩散可能后果的恰当分析方法。零售支付系统演化是具有路径依赖性的，正如一般可接受交易媒介和单一记账单位的存在可以被解释为具有网络效应的信息网络。[3] 一般可接受交易媒介是经济社会中流动性最强、可销售性最高的商品，并因而具有最低的溢价。作为一种内含记账单位的商品，其附属职能就是记账单位职能。同时它也是最终结算工具，因为它是唯一一种并非对未来资源直接或间接要求权的媒介，并确保了银行间支付系统的结算最终性（经济意义上而非法律意义上）。

当前支付体系中，在各市场上存在占主导地位的交易媒介，并具备单一记账单位职能。对电子货币扩散效应的分析包括：（1）推导出从一种一般可接受交易媒介和相关记账单位转移到另外一种的充分必要条件；（2）在这些条件下，新技术扩散对支付体系演化的影响。也就是说，电子货币的扩散是否会充分减少个体采用一种新兴一般可接受交易媒介的边际成本?[4] 在从一种一般可接受交易媒介转换为另一种的过程中，支付体系如何运作？同时使用多个记账单位是否是有效率和可持续的？

随着新技术的出现，这些问题引起了越来越多的关注：（1）互联网的传播增加了国家执法成本。电子货币可以在外国司法管辖区发行，国家用于纸币发行的法律限制无法适用，也无法强制执行。电子货币可以是非常接近纸质和硬币的替代品；（2）相较有形纸币和硬币的发行和流通而言，互联网使用的扩散和加密技术的进步，降低了电子货币发行和流通的成本；（3）与同时使用多个记账单位和实物资产交易相关的交易成本得以降低。由于记账单位、商品和实物资产的连续交易，价格信息的实时获取以及进行必要计算所需计算机性能的低成本，不同记账单位、商品和实物资产按不同记账单位计算的相对价格能以较低的边际成本进行（几乎）同步的计算。此外，由于能实时访问交易同步发生的在线市场，记账单位、商品和实物资产可以在较低边际成本进行交换。[5]

一种用于分析个体边际决策（即在既定制度安排下对交易媒介和记账单位的个体选择）的方法是基于新制度经济学（如个人主义方法论、交易和信息成本以及对均衡间过渡过程的明确分析）的。Schmitz（2002a）认为由于没有考虑到均衡间变化的动态过程，当前基于比较静态分析的新古典货币模型并不适用于分析支付体系的制度变迁。[6]

Schmitz（2002b）研究表明，同时使用多种记账单位是不可取的，并且在不可兑换货币情况下是不可行的。[7] 该论点并没有为针对潜在货币竞争的法律壁垒提供合理基础。[8] 在当前的通货膨胀率下，我论证了用户和发行者在电子货币机制下面临较强的策略激励不去使用另一种可选的记账单位。一方面，得出该结论是由于存在网络效应、沉没成本、[9] 信息成本和转换成本，而这些正是零售支付体系和记账单位选择的特征；[10] 另一方面，该论点基于对内在价格形成机制的研究结果：在价格匹配策略中，存在由主导性记账单位计价的流动性充足市场是以其他记账单位计价的电子货币机制能以其他记账单位标价的必要前提条件。在以其他记账单位计价的市场上交易的价格更高，因为主导记账单位与其他记账单位之间的交易存在买卖差价。[11] 在价格发现策略情况下，由电子货币记账单位计价的市场比由主导记账单位计价的市场相对来说流动性更差。因此，竞争的激烈程度和价格的信息内容会更低，买卖价差更高。对电子货币和货币政策的制度分析，是在一个具有主导记账单位的环境下分析记账单位的选择。在温和通货膨胀水平下，支付体系参与者并没有动力在相关市场上从主导记账单位转向新兴记账单位。结果是新兴电子货币体系最可能的制度结构是由主导记账单位计价，并具有可赎回性，这被认为是电子货币能以平价与中央银行货币进行持续交换的必要但非充分条件。

在温和通货膨胀水平下，国家通货作为记账单位的重要性不会随着电子货币使用的扩散而下降。由于拥有以零边际成本发行一般可接受交易媒介的垄断权利，中央银行在原则上获得了对货币供给及货币购买力的控制权。[12]相对于无电子货币世界而言，有电子货币世界中央银行资产负债表将缩短，这总体上是一个积极信号，因为现有支付体系的制度变迁（如零售支付系统的电子化、批发支付系统的分层）能提高其效率，这也意味着货币政策将更为有效而不是效率更低。[13]而且，中央银行在过去已被证明可以妥善处理类似变化（如信用卡和借记卡的使用[14]，澳大利亚、加拿大、新西兰、瑞典、英国准备金要求的取消[15]）。在中央银行货币作为一般可接受交易媒介和记账单位的经济中，电子货币的使用会对货币政策产生影响。货币政策工具（如美国联邦基金利率、欧洲中央银行再融资操作的最低投标利率）、总支出与货币政策目标之间关系的本质和可预测性将会发生改变。

5.2 不同的电子货币和无货币世界模型的不一致性和非完备性

本节对无中央银行货币经济环境下的货币政策和中央银行模型进行了关键性评估，并将这些模型按照对货币体系制度结构的分析方法进行分类。[16]第 5.2.1 节提出假设替代中央银行货币的其他交易媒介和记账单位扩散的模型；第 5.2.2 节主要是回顾那些认为中央银行货币需求保持为正的模型；第 5.2.3 节分析存在一个公众认可的记账单位，但没有一般可接受交易媒介的支付体系模型，其中净余额通过私人发行的不可兑换电子货币或者财富转移来结算。讨论着重于上述货币体系的隐性制度结构，特别是存在一般可接受交易媒介和记账单位时电子货币机构间最终结算媒介的市场模型。文中强调了货币的一般可接受媒介职能与记账单位职能之间的关系。

5.2.1 假设其他交易媒介和记账单位扩散的模型

尽管在 1999 年前已有大量文献分析了电子货币和货币政策问题，但当前的争论主要受到 Friedman（1999，2000）的影响。[17] Friedman 并没有怀疑中央银行作为垄断者在以中央银行货币计价的经济中对储备水平的影响，但他质疑在未来二三十年这种垄断的意义。由于私营零售支付系统的存在，即存在不可以中央银行储备赎回的私人（电子）货币，对中央银行储备的需求可能会减少，这将带来挑战。这类例子包括像纽约大都会运输署（Metropolitan Transport Authority，MTA）和电话服务提供商这样的发行者。而且，通货被认为与经济交易关联不大，并在很大程度上被看做是中央银行为适应公众货币需求而内生存在的。

与此同时，Friedman 推测主要由信息和通信技术创新所驱动的金融市场制度变迁对货币传导机制的信用渠道带来了威胁。非银行金融中介在向实体部门的信贷供给中发挥越来越重要的作用，且不受到准备金要求的约束。非中介化和证券化使实体经济可以直接在金融市场上进行储蓄和投资的配置。从“信用视角”来看，中央银行对储备供给的垄断是无意义的（Friedman，1999，332）。

银行持有中央银行准备金，是因为中央银行货币是提供结算最终性的唯一支付工具，即是最终结算媒介。私人竞争也会对中央银行准备金这一角色提出挑战，因为私营清算交换所可以提供基于自身债务的净额结算。目前这些负债是以中央银行货币计价和赎回的，因此清算所需要在中央银行账簿上持有准备金。另外，所有在当日没有被轧差掉的余额仍然要使用中央银行货币进行结算，因此系统最终依然是与中央银行货币挂钩的。如果清算所账户上的余额获得了结算最终性，那么银行间结算对中央银行准备金的需求将会减少到使中央银行政策工具失效的程度。

Friedman（2000）根据 Goodhart（2000）、Freedman（2000）和 Woodford（2000）提出的批判澄清了论点。他认为，诸如中央银行货币（准备金和/或现金）需求消失的极端情况，并不是传统货币政策工具有效性丧失的必要前提条件。货币政策行为仍然影响着直接和间接基于中央银行货币的经济社会中的经济活动水平和资产价格水平。然而，他对这些经济结果在边际上与整个经济的一般物价水平、总产出波动和资产价格之间存在紧密关系提出了质疑。中央银行的货币政策决策将不再能改变市场利率，因为在没有大规模市场干预时，市场可能不再赋予中央银行基于自身需要改变整体经济实际利率的权力。相较于货币市场总交易量，中央银行市场干预规模已经很低，在中央银行资产负债表继续萎缩时，中央银行将不得不更依赖于“开口操作”。

Friedman 对中央银行货币政策效力的讨论是基于中央银行在货币市场上的操作业务量的。公开市场操作比日交易量小得多的规模是无关紧要的，因为价格形成是在边际上发挥作用，且中央银行在以零边际成本操纵边际供给方面具有独特地位。[18]将公开市场操作的较小规模和结构化流动性赤字与银行间市场交易量进行比较会造成误导，因为这将总准备金在市场参与者之间的不断重新分配与总准备金外生的酌情变化联系了起来。

讨论

虽然信息通信技术的进步对金融市场和金融体系制度基础的影响存在不确定性且具有一定的冒险性，但仍然有分析工具用于研究这类变化的可能性、先决条件和可能的影响。[19]特别是，私人和银行间支付系统的演变更需要详细分析相关的制度安排及其对中央银行货币作为记账单位和最终结算媒介的作用所产生的影响。不管是在私人发行的不可兑换货币和共用多个记账单位方面，还是在私营批发支付系统方面，Friedman 都没有为模型的制度结构以及在现行制度安排与设想的未来货币及金融安排之间的转移提供任何细节。[20]Friedman（1999）的文献中的不同逻辑提供了一个共同的结构：由于私营的清算机制（如 CHIPS）或者零售支付系统领域的创新（信用卡、借记卡和智能卡），中央银行货币占总支出的比例不断下降的趋势将在未来继续下去直到达到其数学极限。运作批发和零售支付系统所需的中央银行货币将最终降为零。Friedman 隐含地假设在其趋于零时以及一旦达到零时，货币体系在原则上会呈现出结构上的连续性。[21]即便中央银行货币在极限时会变得无关紧要，货币体系也不会显示出任何不稳定或者结构性变化的迹象。目前还不清楚是否会有其他交易媒介将具备一般可接受交易媒介职能和记账单位职能。任何选项下对实体经济和货币体系的影响都没有被考虑。经济趋于极限并最终达到极限的结构化效应也没有得到直接或间接的讨论。

在过去几十年中，无论是银行间结算系统还是零售支付系统的制度结构均由于金融创新发生了很大的变化。[22]经济社会的支付体系已经不得不适应全球化、自由化、信息通信技术和不断增加的金融复杂化之间相互依赖的趋势。Friedman 到目前为止还未能提出令人信服的论点和证据来说明趋向极限的这一过程会降低货币政策的有效性。而且，他也没有提出详细论证来说明货币政策工具和总支出之间的关系在边际上会松散。他的论证还保持在这样的观点上，即市场将不再赋予中央银行在没有大量市场干预情况下自行斟酌决定整体经济实际市场利率的权力。Friedman 认为，极端情况如中央银行货币需求的消失，是货币政策失效的一个充分但非必要条件，但他却未能证明为什么在中央银行依然具有以零边际成本提供一般可接受交易媒介和记账单位的垄断地位时，市场就不应该继续基于中央银行的声明行事。他既没有扩充中央银行在极限达到前就失去其垄断地位的前提条件，也没有讨论在极限下货币体系的制度结构。如果在部分经济中仍然存在对中央银行货币的需求，那么问题就出现了，即哪个（些）一般可接受交易媒介和记账单位会在其他经济中占上风，以及其是如何与中央银行货币联系起来的。

大量文献研究认为，中央银行货币的需求会随着电子货币的扩散而最终消失。Goodhart（2000）、Freedman（2000）和 Woodford（2000）就对 Friedman 令人沮丧的预测作了明确回应。

5.2.2 中央银行货币需求演化模型

Goodhart（2000）着重于讨论信息通信技术的发展是否将使得通货需求完全消失，并使得中央银行在其货币政策实施上变得无能为力。他认为相对电子货币而言通货具有两个明显的优势：（1）纸币和硬币为支付双方提供了匿名性。电子货币的拥护者有时也强调，通过强加密技术也同样可以确保电子货币支付双方的匿名性。[23]但 Goodhart 指出对匿名的信心是一个更为复杂的问题，个人数据保护要求有坚决的政治意愿和详细的法律框架。[24]相对电子货币而言，通货仍然具有相对优势。只要需要确保匿名性，个体就会偏好通货。（2）在许多国家，通货是具有法定货币地位的，即在内在合约没有明确其他任何支付方式的情况下，通货作为支付手段是不能被拒绝的。除了先发优势外，匿名性和法定货币地位使得通货相较电子货币而言具有比较优势。因此，尽管电子货币不断扩散，通货仍然会有需求。关于匿名性，Capie 和 Wood（2001）从交易成本方面（如信息成本）归纳指出，通货是成本最有效的一种支付方式。Krüger（1999）基于外汇交易批发市场的证据也为此论断提供了后续支持，即尽管由于信息通信技术的发展，边际交易成本已经很低，但使用一般可接受交易媒介依然能进一步降低交易成本。

Capie、Tsomocos 和 Wood（本书第 3 章）构建了一个由于信息通信技术发展降低物物交换成本使得不可兑换货币作为交易媒介的作用受到竞争的经济模型。货币体系运行成本在给定货币量下是固定的，而后者又取决于间接通过个体货币需求进行的交易量。物物交易成本包含发生在每个个体每笔交易中的搜集和处理信息的交易成本。尽管技术进步很可能会降低物物交换的交易成本，但他们也认为这可能会提高商品数量，从而提高市场数量和交易数量。因此，物物交换所有跨市场和跨交易的总成本并不一定会下降，甚至可能会增加。应该补充的是，技术的进步还可能会降低货币体系的运行成本，也就是，电子支付方式的发展可能会降低现金的磨损及现金流通成本，从而降低货币体系的运行成本。他们的结论是电子物物交换的交易成本可能会保持很高，从而使得对不可兑换货币的需求不会消失。该结论适用于任何不可兑换货币（如外币）而不仅仅适用于一国中央银行发行的中央银行货币。他们隐含的假设是对中央银行货币的需求将足以维持其作为一般可接受交易媒介和记账单位的地位。

Berentsen（1998）认为，由于电子货币的低交易成本，对通货的需求将最终消失。但由于电子货币主要用于小额支付，且从付息存款余额转换为电子货币的成本很低，电子货币的存量预期会很小。大部分流动性资产将以活期存款形式被持有。即使没有准备金要求的约束，银行也会持有结算余额用于结算银行间支付系统的每日净头寸。因此，对中央银行货币的需求将依然为正，中央银行也将维持其以零边际成本供给一般可接受交易媒介的垄断地位。Berentsen 的分析中隐性地假设电子货币是由主导的中央银行货币记账单位计价的，后者还同样是一般可接受交易媒介和银行间支付系统的最终结算媒介。然而，他却没有考虑电子货币在相关市场上由其他记账单位而非主导记账单位计价的情况，也没有提供关于中央银行货币继续作为一般可接受交易媒介和记账单位职能的论点。此外，他还没有在电子货币、一般可接受交易媒介和记账单位之间建立联系。他所设想的机制设置似乎包含了电子货币向中央银行货币的可赎回性，从而是以记账单位计价的。最后，银行对中央银行货币准备金的结算需求将仍然为正，从而银行间支付系统将以中央银行货币为基础。这两个关键性的相互关联的隐性假设均没有得到分析论证。总的来看，中央银行基本上是被假设而不是被论证将维持其以零边际成本提供一般可接受交易媒介和账户单位的垄断地位。因此，在假设上就不存在对货币政策实施的威胁。

Freedman（2000）在其电子货币定义中，区分了储值卡和网络货币。他强调，目前使用的一些支付工具以及储值卡应该被简单地认为是一种额外的选择。信用卡和借记卡已经在中等规模交易中占据了相当的市场份额。相较其他支付工具，储值卡在丢失和盗窃保护方面更弱，因此被用于小额支付。即使是在储值卡完全替代通货这种不太可能的情况下，整个支付体系也将继续以中央银行货币为基础，因为最终结算是发生在中央银行账簿上的。在制度上如何设计储值卡和中央银行货币间的联系这个关键性问题却没有得到任何进一步阐述。只能假设储值卡以主导记账单位计价并可以中央银行货币赎回是规定好的。因此，中央银行货币仍然是一般可接受交易媒介和记账单位。中央银行资产负债表将会萎缩，但目前的货币政策工具（如宣告主要操作目标水平以及公开市场操作和常备便利）保证了货币政策实施的效力。

Freedman（2000）认为通过私营清算所或低风险资产转让（如国库券）结算银行间余额是对货币政策效力更为严重的威胁。但即使是在这种情况下，他认为中央银行货币依然是更好的最终结算媒介，其预期需求仍然存在。私营清算所的最主要缺点在于：（1）清算所有可能会破产；[25]（2）相较于将审慎监管与银行间大额支付系统运营结合起来的中央银行而言，私营清算所存在信息上的劣势；（3）银行不愿意看到竞争对手通过重新获得清算所功能来获取竞争优势。但如果将成员监管和批发支付系统运营相结合，那么私营清算所的信息劣势就会消失，从而使得其劣势在原则上是可以被克服的。[26]Freedman 并没有对制度结构和相应治理机制无法加以调整从而为参与者和私营清算所运营商提供一个公平竞争的环境进行论证。其模型表明，一个与私营清算所不同的机构似乎能在发行一般可接受交易媒介上保持垄断。因此，Freedman 关于私营清算所和结算体系模型的前提假设是，中央银行货币仍然保持着最终结算媒介和记账单位的功能。在这种情况下，模型将崩塌为即使是私营清算所也根本不会危及货币发行当局地位的情况，因为支付体系仍然牢牢扎根于一般可接受交易媒介（中央银行货币）。然而，支付体系参与者能通过轧差安排节约其最终结算媒介的持有成本。[27]

但 Freedman 将他的想法继续推进了一步，即银行可以通过转移低风险资产而不是在中央银行或私营清算所的准备金来结算收支余额。他总结到：最后贷款人的缺失，低风险资产的持有成本，以及未偿还国债数量的不断下降是目前这种替代制度的主要弊端。根本不清楚在其模型中是否有一种一般可接受交易媒介、记账单位和最终结算媒介。最后，他拒绝了世界将回归到一个纯物物交换的经济社会的假设，因为成本太大。因此，既然中央银行准备金将仍然具有银行间收支余额最终结算媒介的功能，从而使中央银行依然能调节货币市场利率，那么就同样存在对中央银行货币的需求。中央银行货币似乎仍然是一般可接受交易媒介和记账单位。

Woodford（2000）认为中央银行货币需求的大幅减少使得通过数量目标技术（如盯住非借入准备金）实施货币政策变得越来越困难。但只要需求依然为正，中央银行就能维持控制短期利率的能力。他讨论了作为货币政策实施的一种可行制度安排的“利率通道”方法。在这样的体系下，中央银行可以在不用显著改变其资产负债表规模的条件下控制短期利率。这个“通道”系统是基于常备便利的供给上的，如通过存款和贷款便利，银行可以不受限制地从中央银行提取准备金。由于存款和贷款利率之间存在利差（如在新西兰，这个利差约为 50 个基点），银行会有在货币市场上进行准备金交易以管理其隔夜结算余额的激励。目标利率，即货币市场均衡利率，通常在存款和贷款利率之间。理论上，银行的目标是零隔夜余额，再加上没有准备金要求，整个系统的预期隔夜准备金将平均为零。但实际上，一个较小的正的隔夜准备金目标总水平对于确保货币市场均衡利率更接近目标利率要更为有效。货币政策是在不对隔夜准备金水平进行调整的情况下，通过改变常备便利利率来实施的。通过日间信贷来进行数量调整被局限于管理短期流动性冲击，以避免市场利率的过度波动。

在“通道”体系中，电子货币的扩散并不会对货币政策的有效性产生威胁。根据 Woodford 的研究，通货需求并不是这个体系运作的前提条件。通货需求的消失将会减少对结算准备金规模的外生冲击，从而缩小流动性管理操作的范围。由支付体系参与者资产管理改进带来的对结算余额需求的减少，会降低隔夜结算余额的平均规模和总规模量水平。但理论和实践都表明，这些规模之间的联系在原则上是有限的。在这个通道中，结算余额需求利率弹性的降低将会导致货币市场均衡利率具有更高的波动性。缩小通道的范围，可以增强市场利率的稳定性。最后，Woodford 认为商业银行间存在多种结算系统会通过借助“通道”体系的低成本而降低货币政策有效性这种观点是错误的。在最坏的情况下，该通道将进一步缩小，以降低隔夜结算准备金的预期机会成本，从而导致银行不会转向其他结算机制。

Palley（2002）构建模型分析了电子结算货币出现并最终替代作为结算余额的中央银行货币，而对中央银行货币构成的威胁。他认为，信息技术革新的扩散将使得银行能对其资产进行实时盯市估值。银行将直接交换资产（没有得到进一步明确）——所谓共同基金电子结算，而不是通过中央银行货币结算共同债务。非银行代理人也会越来越依赖于通过资产转移结算债务。相关利率将由“可贷资金”式的资产市场决定，从而共同基金电子结算将在回报率上优于中央银行货币。Palley 担心共同基金电子结算系统的不稳定性。尽管在日常情况下共同基金电子结算更好，但代理人会更愿意在危机时期使用中央银行货币。对电子结算余额需求的降低会导致回到“老式银行挤兑”现象（Palley，2002，223）。共同基金电子结算内在的不确定性会带来对中央银行货币的需求，因为后者几乎没有名义价格波动。

除了对银行结算余额需求的分析外，Palley 还研究了电子货币对法定准备金需求、非银行通货需求、税收支付余额和国际银行间结算余额的影响。关于法定准备金，他认为其重要性的不断降低将会持续下去。一些国家已经废除了准备金要求。它们有效实施货币政策的能力取决于交易和结算中对中央银行货币的正需求。当前非银行通货需求在货币政策实施中的作用是可以忽略的，因此其进一步下降并不会影响到货币政策执行的效果。

对税收支付余额的需求仍然是中央银行货币需求的一个来源。各国政府必须要求用中央银行货币缴税以保证这一需求来源为货币政策构建一个有效的渠道。国际银行间结算余额导致的中央银行货币需求主要来源于对其他中央银行准备金媒介的选择。Palley 推测中央银行为了不使公共财产承担风险，在外汇储备上更倾向于持有以中央银行货币计价的资产而不是更具风险的共同基金。他总结道，相对于经济中的总资产负债而言，中央银行货币的需求量将会在未来进一步减少，但其仍然会保持为正，因为存在对结算余额为正但高度波动的需求（因为共同基金电子结算内在的不确定性），以及以中央银行货币缴税的政府要求。由于税收支付具有很强的季节性并通常会延迟支付，因此依赖税收支付实施货币政策将导致利率波动性变大。

讨论

通货交易通常需要面对面接触，这使得其可能会失去一部分匿名性优势。但尽管如此，对通货的正需求并不是传统货币政策工具有效性的充分条件。Goodhart 的立场被 Friedman（2000）批判为类似“毒贩”的论点。货币供给的斟酌变动通常并不是货币政策执行的工具。根本性问题并没有在争论中得到解决。在对货币政策未来有效性的分析中，应更关注一般可接受交易媒介的选择而并非支付方式的选择。经济代理人是否通过支票、信用卡或借记卡、银行转账和直接借记转移对一般可接受交易媒介的要求权，对于中央银行和相关零售与批发支付系统的主办方对流动性操作进行微调而言是有意义的，而对于中央银行以忽略不计的边际成本提供一般可接受交易媒介从而保持垄断者这一基本地位而言是无意义的。

使用通货的地下经济规模只有间接关系。除非通货的需求规模足以维持其记账单位职能，否则其与货币的当前替代品是相当的，如地方交易系统（Local Exchange Trading Systems，LETS）或被广泛接受的息票方案。[28]尽管在 LETS 中，对替代通货单位的需求为正，但其供给的扩大或缩小无论是在边际上还是在平均水平上都不会对宏观经济活动产生影响。不同 LETS 的通货单位都既不具备一般可接受交易媒介职能，也不具备记账单位职能。息票方案通常以相关市场的记账单位计价，并由发行者提供以商品和服务赎回的能力。其中某些也被除发行机构外的企业等面值接受。其供求由均衡条件决定，即运营的实际边际收益（如浮存资金在边际上获得的实际利息）等于实际边际成本、实际边际成本等于边际效用（如持有预期贴现的实际机会成本等）。同样，无论是息票的增长率还是供给水平都不会影响经济活动总量。此外，中央银行可以通过其控制实际利率的能力在一定程度上控制息票的供给需求，从而达到均衡条件。

Woodford（2000）认为“通道”体系中持有隔夜结算准备金较低的预期机会成本和中央银行信用会导致中央银行支持的结算比潜在竞争对手更具有比较优势。不管中央银行账簿中的实际交易量如何，它只要提供无限弹性的借款和贷款便利就足够了。相反，中央银行具有以零边际成本利用自身负债调节自身负债所付利息的能力。然而，该利率的改变对一般可接受交易媒介的供求以及整体经济社会活动的影响受到了 Friedman 的质疑。[29]Woodford（2000，255）认为中央银行货币政策的有效性依赖于“多少人仍然选择以依然由中央银行决定其价值的通货来签订合约”。因此，Woodford 觉得中央银行货币作为一般可接受交易媒介和记账单位的角色是货币政策有效性的关键。

Palley（2002）构建了共同基金电子结算模型，假设在电子结算中共同基金份额是实时估值的。他既没有陈述资产是由什么计价的，也没有说明资产是由什么进行实时估值的。研究中存在两个基本选择。第一，资产间相互交易，不是由某个记账单位而是由对实际财富的要求权来进行计价。这意味着在有 nA 种资产的经济中存在［n_A（n_A-1）］/2 个相对资产价格。由于 Palley 并没有提出一种一般可接受交易媒介或记账单位，因此在具有 n_G种商品的经济中将存在［n_An_G］个商品价格。经济将回到一个基于电子交易机制的物物交换社会，但仍会依赖需求的双重耦合。在共同基金电子结算中的资产交易将会存在一定的溢价，除非它们是完全替代关系。因此，由于以较低溢价交易的共有基金作为结算媒介会优于其他资产，均衡是非稳态的。[30]

对 Palley 模型的第二种解释认为它更像目前的分层支付系统。个体使用银行账户余额来支付债务和获得商品。这里并不是针对名义上固定的银行存款签发支票，而是提取其共同基金份额。最终，支票仍然由中央银行货币计价和结算。支付方式将会不断发生变化，但中央银行货币仍然是一般可接受交易媒介。共同基金电子结算将在银行间支付体系的层级结构中新加一层。银行为了减少对中央银行准备金的需求，会以共同基金份额为抵押通过扩展的轧差安排来延迟结算。根据 Palley 的研究，中央银行货币需求仍然为正，并且是唯一名义价格零波动的资产，因此也是保证结算的经济最终性的唯一资产。这种解释更能反映 Palley 的基础模型，因为他认为代理人在异常时期需要以中央银行货币进行结算，而对中央银行货币需求的急剧增长会引发流动性短缺。这意味着流动性是针对中央银行货币而言的。

5.2.3 基于不存在一般可接受交易媒介而存在公共惩罚的单一记账单位的模型

私人发行的不可兑换电子货币

Costa Storti 和 De Grauwe（2003）分析了在无货币社会中当前货币政策工具（常备便利与公开市场业务）的有效性。他们假设记账单位与国家政府紧密联系并由国家提供。银行和其他机构以存款或电子货币形式发行不可兑换货币。这些机构不受到最小准备金要求的约束，也不在中央银行持有结算余额。相反，假设其只持有股票或债券等流动性资产作为资产。

名义股价，进而持有股票作为流动性资产的银行的准备金名义价值，等于预期的贴现股息流。Costa Storti 和 De Grauwe 认为预期的名义股息是预期货币存量（大概为私人发行的不可兑换电子货币的部分加总）的函数，从而使价格水平是不确定的，因为名义货币存量的任何预期增长率都会导致未来名义股息获得相应的增长率，并导致资产的名义现值增长。“名义货币存量”的现值同样会增加。这时，并不存在一种内在的均衡机制来固定价格水平。

如果银行投资组合包含债券，非均衡力量将会以更为复杂的方式出现。随着债券价格最终回到其面值，非稳态效应将通过银行资产负债表上的债券数量而增大。货币存量的增加对经济活动有正向影响，因此公司会发行更多债务。与此同时，货币交易需求增加，银行资产负债表两边同时扩张。同样也不存在对银行资产负债表扩张进而对货币创造的内在约束。

此外，这种扩张也可能通过抵押品价值产生。货币存量的扩大通常会导致资产尤其是抵押物价值的提高。银行的资产随着货币存量的增加而增加。Costa Storti 和 De Grauwe 认为在他们的模型中价格水平是无法确定的且通货膨胀会产生。

由于模型中所有代理人的需求函数和供给函数对于名义价格是零次齐次的，价格水平不能固定。但对于关注名义变量的中央银行而言，在模型中其可以操纵名义利率和控制系统吗？

在货币经济学家中一个被日益接受的观点认为，中央银行不用进行大规模金融交易来操纵货币市场利率。其以零边际成本创造结算余额的垄断能力就足以保证其为实现主要操作目标而所作宣告的可信度。[31] 在 Costa Storti 和 De Grauwe 的研究中，中央银行丧失了其提供一般可接受交易媒介的垄断地位。因为中央银行必须借入资金以便通过常备便利贷出资金，所以套利机会就会产生。根据 Costa Storti 和 De Grauwe 的研究，在这种情况下，中央银行不仅会遭受巨大损失，而且无法影响系统中的流动性资金，甚至无法对资金进行重新配置。类似的逻辑也适用于公开市场操作：但在这种情况下，中央银行可以用自身负债（例如类似商业银行所发行存款的银行存款）从商业银行处购买国债。商业银行将这些存款重新转换成国债，从而使在中央银行外流通的大量国债不受影响。此外，试图调控货币市场利率所带来的中央银行资产负债表的较小规模和潜在的巨大损失会导致其丧失对短期货币市场利率的控制。

如果财政部授予中央银行在零边际成本下无限制获取资金的权力，那么中央银行是否能重新获得市场利率控制权呢？Costa Storti 和 De Grauwe 认为这仅仅会增加套利机会，同时中央银行也无法控制货币市场的总流动性。如果能无限制地获取国债，那么就可以基于给定的市场需求安排来控制国债的在外发行数量。“因此，国债在一个无现金社会里会成为最终的支付方式”（Costa Storti 和 De Grauwe，2003，254）。

Costa Storti 和 De Grauwe 建议将审慎监管作为一种可选的货币政策工具。中央银行对电子货币机构进行授权认证。考虑到宏观经济条件，可以将资本充足率作为货币政策工具。在实际政策实施中，“高质量”私人货币的法定准备金要求被认为并不太重要，因为其影响大且灵活性低，使得政策准确实施非常困难。

讨论

在下面的讨论中，笔者认为 Costa Storti 和 De Grauwe 的模型在理论上是不一致的，其制度设置是不完备的，且其结论是可疑的。也就是说，没有一种制度安排能将私人发行的不可兑换货币与记账单位相关联，模型中也不存在一般可接受交易媒介，也没有清楚说明发行人间结算余额市场（货币市场）中“流动性”的确切含义，而且私人发行的不可兑换货币的价格水平是不确定且无限的。电子货币并不执行货币的一般可接受交易媒介职能，更不用说记账单位职能。

关于发行私人不可兑换货币的时间不一致性问题的文献认为，对私人发行者没有有效约束以可靠地预防其无限发行。[32] Costa Storti 和 De

Grauwe 对于价格水平的非确定性提供了一系列解释，这些解释都认为存在与名义货币供给和资产（股票/债券/抵押品）相应名义价值预期的无限集相一致的多重均衡。对于私人发行可赎回商品货币而言，这一论点是错误的，因为可赎回约束在边际上对于每个单独的银行具有约束力，尽管在银行资产负债表扩张一致的情况下没有约束力。[33]然而，在私人发行不可兑换货币的情况下，他们的论点可以简化。每个个体银行增加其票据发行和相应增加其资产的最直接方式是在金融市场上以最优市场价格购买资产（股票/债券等）。由于不可兑换货币发行者在发行额外货币时面临零边际成本，因此他们也会购买抵押品，直到预期边际回报也为零。[34]因此，价格水平是确定的——对于每个私人发行的不可兑换货币而言它是无限的。模型中没有一般可接受交易媒介，也没有记账单位，从而也就不会有货币。因此，既没有完全指定的价格水平，也没有中央银行用于调控价格稳定性的货币政策工具也就不奇怪了。

根据 Costa Storti 和 De Grauwe 的研究，中央银行无法控制系统流动性是因为只要银行会将其中央银行存款再转为金融资产，从而使在外存款额不变，那么扩张性公开市场业务就会立即失效。原则上，相同的论点在边际意义上适用于模型中的任何发行者。目前还不清楚为什么中央银行存款被认为不如其他银行存款，以至于没有被持有用于交易目的。此外，Costa Storti 和 De Grauwe 的模型中并不存在任何套利机会：以中央银行存款计价，中央银行对金融资产（股票、债券、国债等）的买卖要价须高于市场主流的买卖要价，以改变中央银行货币的机会成本。同时，中央银行被期望在需要时会将这些存款按预定的转换率转变为金融资产。与以中央银行货币计价的报价和市场价格相对应的转换率会提高到等于以中央银行存款计价的转换率。但这并不必然影响基于任何其他银行存款的市场价格，从而使得多个银行的存款——多种私人发行的不可兑换货币——并不必然能按平价交换。Costa Storti 和 De Grauwe 在其关于准备金要求的论点中提到了“高质量”电子货币。如果不同电子货币间存在质量差异，它们就不会以平价交换，除非通过电子货币的利息支付进行了调整，而这并没有包含在此模型中。

因此，模型中记账单位是什么的问题就产生了。Costa Storti 和 De Grauwe（2003，242）指出，其“由国家提供”，就如 1 美元或 1 欧元。但这里没有有意义地定义一个记账单位。所有商品和所有电子货币基于记账单位的市场价格的连续可获得性，是模型中基于所有电子货币的商品价格的可获得性的必要前提条件，除非电子货币就是以记账单位进行计价的。[35]如果缺乏将所有电子货币与记账单位联系起来的机制，那么这种计价就仍然是名义上的和主观随意的。这样的机制可以是内嵌记账单位的商品（如中央银行货币）可赎回的要求。然而，他们的模型中既没有中央银行货币，也没用任何其他内嵌记账单位的商品，例如那些以记账单位表示的价格为牢牢固定的商品。经济中任何这些商品与其他所有商品之间没有任何交易，导致没有任何基于记账单位的商品价格能在交易中确定。由于商品和电子货币的价格会基于抽象记账单位而波动，因此任何商品与任何电子货币之间的市场交易只能决定基于抽象记账单位的相对价格而不是名义价格。如果其由于主流的时间不一致问题而不是无限的，就只能观测到基于不同电子货币的名义价格。

此外，该模型本质上是不稳定的，因为对于高质量电子货币（EM_1）而言，基于记账单位（基于 EM_1 的美元价格 x）数量的特定商品价格要低于基于低质量电子货币的价格（基于 EM_2 的美元价格 z；$z>x$）。由于不同电子货币并非是完全可替代的，因此它们之间的交易就存在溢价。通常而言，基于以最低溢价交易的电子货币的价格会最低，从而将其他货币驱逐出市场。[36]模型中既没有讨论名义价格形成机制，也没有分析将公众认可的记账单位与电子货币联系起来的制度设置。

模型中不存在最终结算媒介，因为电子货币仅能转换成金融资产，后者反过来以电子货币或更多股票和债券的形式支付股息和利息。模型进入这样一个循环，以至于没有电子货币间接或直接与任何内嵌记账单位的商品相关联。[37]

由于作者没有考虑货币市场（或者电子货币发行者之间的余额结算市场），因此该模型是不完整的。作者认为中央银行货币将不再被用于（最终）结算媒介。他们分析了“流动性”市场，[38]但没有说明市场上交换什么，以及这些流动性体现在哪种类型的（金融）资产上。由于转换循环，最终结算媒介是不存在的，因此也没有可以交易该商品的市场。作者提到，国债可能会在没有现金的世界里起到最终结算媒介的作用。他们总结认为，在这种情况下中央银行可以通过改变国债的数量来控制经济中的流动性总量。如果财政部在没有经过中央银行同意的条件下停止发行国债，他们的结论就是成立的。否则，财政部会控制经济中的流动性总量。这一场景意味着，国债被假设为担当一般可接受交易媒介和货币其他职能（如记账单位和价值储藏职能）。财政部的负债将替代中央银行的负债作为货币。再者，交易中这些负债的一般可接受性将主要依赖于财政部向此系统提供名义锚的可信度。

此外，该模型由于没有为中介提供存在基础而不完整。发行电子货币的银行不提供任何服务——没有风险、流动性、期限和数量转换。为什么个体应该转移可兑换成股票和债券的电子货币而不是股票和债券本身的问题就出现了。可能是资产转移的交易成本比电子货币转移的交易成本更高，但作者并没有作明确的假设，也没有讨论其对模型一致性的影响。

5.2.4 通过财富转移的最终结算

King（1999）提出了一个类似但更激进的建议，因为他消除了支付系统中的中介，并试图构建一个没有记账单位的间接交易经济社会。交易通过财富的转移实时结算，因此就不存在对中央银行货币以及一般可接受交易媒介的需求。买方通过实时出售金融资产并将其转移给卖方而获得资金，卖方再立即将其投资到金融资产中。为了降低交易成本，所有金融市场的交易都基于事先同意的算法自动完成。如果金融资产在由物物交换系统管理的市场上进行交易，那么它就具有进入该系统的资格。该市场将匹配需求和供给，以保证有效的价格形成和连续结算。所有价格应以公开喊价的方式以统一的记账单位报价。King 认为不需要中央银行货币，因此，中央银行无法实施货币政策。

讨论

King 的模型假设存在电子化交易的金融资产、货物和服务的市场价格，且所有这些价格都基于统一的记账单位报价。事实上，该模型并没有描述一个间接交换经济。出售金融资产的同时转移“资金”，后者在收到时被再投资。然而，仍然不清楚这些“资金”是什么。如果其是具有与购买者持有的初始投资组合相同流动性的风险金融资产，那么与“资金”的交换就根本没有意义。如果其比其他金融资产更具流动性，那么这些“资金”就是一种支付手段并且有可能被作为一种一般可接受交易媒介，而且经济就不是一种间接交换经济。类似于 Costa Storti 和 De Grauwe（2003）对“流动性”的定义，“资金”的界定也不明确。

此外，目前还不清楚这些资金——实际上一般是金融资产——是如何与记账单位挂钩的。在瓦尔拉斯经济学中，所有商品都具有相同流动性，且其中任何一种都可以被选择作为计价标准。由于其是在市场上与所有其他货物进行连续交易的，因此所有商品都具有相对于计价标准的总是明确确定的相对价格。通过使任何商品的市场价格均基于记账单位，可随时确定所有的名义价格。在 King 的模型中不存在作为记账单位的商品或服务。事实上，记账单位要受到监督和管理，如重量和尺寸等度量衡。原则上，任意一个商品的重量或长度都可以被定义为测量单位。任何其他商品的重量和长度都可以通过与这个完全依赖于客观标准的标准商品的比较得到。但这一逻辑该如何运用于金融资产呢？任意一种商品或称为一种抽象单位（如美元）被作为记账单位且其他所有商品的价值都通过与该标准的直接价值比较得到。不幸的是，相对于重量和尺寸检验，这种比较包含了主观价值从而不能客观进行。结果是，任何这样的比较都必然假设存在直接或间接基于这种标准进行商品交易的市场。商品与内嵌标准（如一般可接受交易媒介）的商品之间的交换包含了主观看法间的比较。关于一般可接受交易媒介与记账单位分离性的分析一般都缺乏对名义价格形式的分析。[39]该标准可以通过与一般可接受交易媒介的可赎回性来固定其价格从而与某金融资产挂钩。如果这是 King 的想法，那么其模型中的“资金”就可作为一般可接受交易媒介和记账单位。最终结算将通过一般可接受交易媒介进行，且多种资产形式都可以作为支付手段（如存款转账、支票等）。若没有这样的最终结算媒介，模型就具有循环特征，因为金融资产是对金融资产的要求权。然而，如果一些金融资产是以固定比例对商品和服务（如一盎司黄金）的要求权，那么该系统就是在名义上被锚定的。这种情况类似于一种传统商品本位。中央银行是否有权力操纵一般可接受交易媒介的名义和/或实际短期利率是依赖于制度设置的，也就是说对商品生产、商品大规模库存和商品国际流动等的控制。

King 的模型可从以下两个方面作出解释：（ⅰ）第一种解释类似于所有商品和服务是具有相同流动性的一种瓦尔拉斯经济。不存在中央银行和货币。一种商品被随意选做记账单位，但其必须为某种商品或者某种服务。它与其他任一商品具有相同流动性并与其他商品和服务进行连续交易。一种非流动性的抽象记账单位无法胜任这一角色。但只要经济中信息是无成本的，就根本不需要有记账单位。没有交易是以“资金”为中介的，每一次交易都通过直接或间接的物物交换进行结算，在交易成本上它们是等价的，只要交易成本均为零。这时，货币政策是不会有的，而且由于所有市场即时清算且导致的分配为帕累托有效，货币政策就只会有害。（ii）第二种解释表明，该模型基本上是一种传统的商品本位，并带有强流动性金融资产（如货币市场共同基金）的高级电子零售支付系统。该基础商品将作为一般可接受交易媒介并执行记账单位职能，而金融资产则越来越多地被作为支付手段。货币政策实施的挑战将在很大程度上取决于商品本位的属性，而不是支付手段的技术。然而，一个更为复杂的系统会提高任何基础制度（如基础商品的国际流动制度）的监管成本。如果该“商品”（“资金”）是中央银行货币，那么中央银行将保持其在零边际成本下发行一般可接受交易媒介和记账单位的垄断地位。因此，货币政策的有效性在原则上不会受到影响。

5.2.5 通过财富转移提供最终结算的进一步模型

Browne 和 Cronin（1995）提出了一个类似于 King 的模型，该模型基于共同基金份额和记账单位的转移，而不存在一般可接受交易媒介。零售和批发支付体系新技术的发展消除了对中央银行货币的需求。货币的记账单位职能将保留在收集中央银行纸币和硬币的钱币收藏家手中。另一种选择是基于商品的记账单位。对其概念也有与 King（1999）类似的批判。然而，对于 White（1984）关于记账单位和一般可接受交易媒介相分离的批判，他们提出了一些相反的观点，特别提出了技术进步（如光纤和智能卡）对交易成本的降低以及已经可观测的货币在总交易中的低份额这两个方面。他们为了证明运营成本的降低可以消除买卖价差，提出了价差决定因素的一个不适当的狭义概念（参见第 5.1 节），而根据 White 的研究，相对于货币交换而言，买卖价差是通过财富转移进行结算的交易成本中的核心因素。货币只占交易媒介的 1% 这一点与论点是不相关的，因为中央银行准备金也是中央银行货币的一部分。但更重要的是，该论点混淆了“交易媒介”和“支付手段”两个不同的概念。即使绝大多数支付都是通过信用卡、借记卡、银行转账、支票和其他非现金支付手段进行的，中央银行货币依然是基本的一般可接受交易媒介，非现金交易构成了对中央银行货币的要求权。与他们的观点相反，非现金支付手段发起的交易并不会造成一般可接受交易媒介与记账单位之间相分离。

Kroszner（2001）设想了有多种记账单位被共同使用而不是只有一种抽象单位的未来，但不同单位都将基于共同基金。除了混乱的货币竞争和多重记账单位平行使用以外，他还将支付手段的竞争等同于一般可接受交易媒介之间的竞争。无论是 Kroszner 还是 Browne 和 Cronin，都没有在制度设置中构建价格形成机制的模型。

与 King（1999）类似，Centi 和 Bougi（2003）搭建了他们的“新货币秩序”世界，在这个世界里交易媒介是以股权为支撑的。他们也得出中央银行货币（如通常的外部货币）和货币政策将消失的结论。与 King 相反，他们并没有明确提到记账单位。模型中什么是一般可接受交易媒介、记账单位和最终结算媒介仍然并不清楚。电子货币机制制度结构的刻画也很粗略。由实际资产支持的不可兑换货币的发行者之间的竞争以类似于 Klein（1974）的方式得以概念化。发行者为了在消费者中树立信用而投资于品牌资本。然而，如 White（1999）所表明的，品牌资本的潜在损失并不能为阻止滥发和恶性通货膨胀提供足够的动力。他总结道，私人发行不可兑换货币的竞争是不可行的。Centi 或 Bougi 简要讨论了市场的动态发展，认为“好”货币将驱逐竞争者。他们似乎暗示了多于一种的竞争性货币将在均衡中占据优势，但却没有提出这种均衡可以存在和稳定的条件。[40]

5.3 总结

Friedman（1999，2000）认为不同交易媒介和记账单位的发展会使得货币政策无关紧要。他的结论建立于对私人营运的零售和批发支付系统减少了对中央银行货币需求的观测上。中央银行货币在总经济活动测度（如 GDP）中比例的下降将最终导致其无关紧要，特别是在中央银行货币消失的极限下。他没有提供证据来说明这个持续的过程已经降低了货币政策的有效性。此外，相较于日周转量而言相对较小规模的公开市场操作是无关紧要的，因为价格形成是在边际条件下发挥作用的，而且中央银行处于以零边际成本操纵供给的独特地位。将小规模公开市场操作和流动性赤字与银行间市场周转量进行比较会造成误导，因为其将总准备金在市场参与者间的不断重新分配和总准备金的酌情改变与外生变化联系了起来。Friedman 假定达到极限不会对经济产生任何结构性的影响，但没有讨论极限下货币体系的制度结构。他未能证明为什么只要中央银行保持了以零边际成本提供一般可接受交易媒介和记账单位的垄断供给地位，即在达到极限前，市场参与者就应该改变其对中央银行权力的感知。他没有突出在达到极限前或出现一种新的一般可接受交易媒介时中央银行失去其垄断地位的条件，以及一旦达到极限，变迁的环境与过程会是如何。为回应他的批判者，他认为金融市场将最终停止遵循中央银行公布的利率。如果对中央银行货币的需求在部分经济中仍保持为正，那么货币政策仍然会影响该经济中的经济活动。他对中央银行将有在边际上影响整个经济的总价格水平、名义产出和资产价格的能力持怀疑态度。如果中央银行货币需求在部分经济中仍存在，那么在其他经济中会流行哪个（些）一般可接受交易媒介和记账单位以及其与中央银行货币关系如何的问题就会产生。

多篇文献对Friedman（1999，2000）的研究作了回应，认为中央银行货币需求将不会消失，且达不到那样的极限情况。一些模型着重于对通货的公众需求，另一些则强调银行对中央银行准备金的需求。对中央银行货币存在正需求的核心动机存在不同（如匿名性、法币供给、先发优势、电子物物交换的交易成本、预防性准备等）。突出通货剩余需求的模型着重于将中央银行货币作为支付手段的需求。这并不必然意味着其也是一般可接受交易媒介和记账单位。他们隐含地假设其所说明内容，即中央银行货币保持了其作为一般可接受交易媒介和记账单位的作用。他们并没有讨论中央银行货币作为支付手段的剩余需求与其一般可接受交易媒介和记账单位功能之间的相互关系。中央银行在提供最终结算上具有相对优势的论点主要基于其仍然能保持以零边际成本提供一般可接受交易媒介和记账单位的垄断地位这个关键假设。该论点是循环的，因为其通过假设中央银行的关键作用（作为一般可接受交易媒介和记账单位的供给者）来表明中央银行在提供最终结算上的比较优势，以至于对中央银行准备金的需求为正且中央银行货币仍然是一般可接受交易媒介和记账单位。这类模型隐性地构建了一个类似当前情况的制度框架：中央银行货币仍然是一般可接受交易媒介和记账单位，但支付体系的层级进一步增加。所有的支付手段都以统一的记账单位计价，并且是对中央银行货币这一最终结算手段的要求权。

基于公开惩罚的统一记账单位的模型要么设想存在私人发行的不可兑换电子货币，要么通过财富转移进行最终结算。Costa Storti 和 De Grauwe（2003）给出第一个无货币社会模型的变体，并认为价格水平将是不确定的，且基于传统工具（公开市场业务）的货币政策也不再可行。他们的模型是不完备和不一致的，因为没有将私人发行的不可兑换电子货币与统一记账单位相联系的制度安排。由于不存在内嵌记账单位的商品，经济中也不存在该商品与其他商品间的交易。结果是，基于记账单位的名义价格不能通过交易建立，经济中也没有统一的记账单位。

他们也没有讨论名义价格形成机制。模型中没有最终结算媒介，因此也不存在有意义的货币市场，且模型也有自我循环的特点。由于电子货币不按平价交换，它们的交易就会存在不同溢价。由于具有最低溢价的电子货币理论上会将其他竞争者驱逐出市场，因此模型是不稳定的。不同电子货币的价格水平是无限的而不是不确定的。另一个问题是，金融中介似乎并不提供任何中介服务——目前仍不清楚为什么个人应该交易基于资产的电子货币而不是交易资产本身。

基于公共惩罚的统一记账单位以及财富转移的模型会面临类似的困难：没有一种一般可接受交易媒介，没有明确的价格水平和没有记账单位，因为模型没能在公共惩罚的统一记账单位和支付手段间建立联系。他们还缺乏对名义价格形成的分析，并简单假设基于记账单位的市场价格是给定的。财富通过“资金”以间接方式进行交换，但却没有对“资金”进行清晰定义。笔者给出了类似于无交易成本或商品本位的瓦尔拉斯经济的两种解释。货币政策确实无效的同时，其可行性取决于“商品”本位中标准商品的选择。如果电子货币或资产可以以中央银行货币赎回，那么就假设了其执行一般可接受交易媒介和记账单位的职能，且中央银行仍然保持了对短期利率的控制。

许多已讨论模型都假设了记账单位与一般可接受交易媒介相互分离的货币体系制度结构。分析表明，这些模型缺乏对价格形成机制的分析，且基于记账单位的名义价格假定商品在竞争市场中直接或间接与内嵌记账单位的一般可接受交易媒介进行交换。

表 5.1 总结了前面章节所讨论的多个模型的共同特征，虽然只有很少模型具有所有这些特征。

表 5.1　　电子货币和货币政策模型的共同特征

电子货币和货币政策模型的共同特征
忽略了从基于一般可接受交易媒介和统一记账单位的现有货币体系向未来假设的货币体系过渡的过程
未来假设的货币体系通常忽略了一般可接受交易媒介和统一记账单位是否存在的问题
忽略了时间不一致性和私人发行不可兑换货币的文献研究
“支付手段”和“交易媒介”两个概念经常被混淆

续表

缺乏在设想的货币体系下对价格形成机制的分析
在公共惩罚的记账单位与支付手段之间缺乏联系
在货币市场中交易的“流动资金”没有得到很好的定义
更进一步观察：模型塌陷为瓦尔拉斯经济、商品本位或当前货币体系

如果信息通信技术可以克服所有摩擦，那么所有商品都具有相同的流动性，也没有存在一般可接受交易媒介和统一记账单位的必要。所有需求和供给安排与名义价格都是零齐次的，不管是价格水平还是通货膨胀率都没有得到清晰定义。任何商品和服务都可以作为记账单位，但相对价格仍有待确定。由于没有交易成本且所有商品的相对市场价格都随时存在，因此所有商品基于记账单位的价格都可以一致以零成本获取。所有市场都出清，且由于不需要货币政策，也就不需要在名义上锚定经济。

除非出现类似于 Arrow – Debreu 模型的世界经济，否则交易成本仍然会为正，且一般可接受交易媒介——也履行统一记账单位的职能——相对于一个没有一般可接受交易媒介的经济而言将进一步降低交易成本。制度结构可能包括电子货币通过一般可接受交易媒介的可赎回性，各自的记账单位将会盛行于经济中。在当前中等水平通货膨胀下，各个市场中占主导地位的交易媒介相对于其他记账单位而言具有相对优势。电子货币的扩散可能会略微降低在高通货膨胀环境下的通货替代门槛。但中央银行很可能依然能维持其以零边际成本提供一般可接受交易媒介和记账单位的垄断地位。目前欧盟法规（欧洲议会和欧洲委员会于 2000 年 9 月 18 日发布的 2000/46/EC 指引开始实施对电子货币机构业务的谨慎监管）加强了预期（如关于电子货币赎回性的条款 3）。理论上，货币政策将保持其有效性。不太可能出现货币体系不再基于中央银行货币，而出现另一种一般可接受交易媒介和记账单位（如商品本位）的情况。在这种情况下，货币政策的有效性取决于具体的制度安排。尽管如此，支付体系持续的制度变迁——在零售和批发层面——将使得货币统计和货币政策工具与实施调整成为必要。到目前为止，中央银行对挑战的处理还

5. 电子货币与货币政策：电子货币间市场对于结算媒介和记账单位的作用是相当成功的。

参考文献

Arnone, M. and Bandiera, L. (2004) "Monetary Policy, Monetary Areas, and Financial Development with Electronic Money", IMF Working Paper WP/04/122, Washington, D. C.: IMF.

Berentsen, A. (1998) "Monetary Policy Implications of Digital Money", Kyklos, 51: 89 - 117.

Borio, C. E. V. (1997) "The Implementation of Monetary Policy in Industrialized Countries: A Survey", *Economic Paper No.* 187, Basel: Bank for International Settlement.

Browne, F. X. and Cronin, D. (1995) "Payment Technologies, Financial Innovation, and Laissez - Faire Banking", *Cato Journal* 15 http://www.cato.org/pubs/journal/cj15n1 - 6.html (accessed 26 August 2004).

Browne, F. X. and Cronin, D. (1996) "Payment Technologies, Financial Innovation, and Laissez - Faire Banking: A Further Discussion of the Issues", in J. A. Dorn (ed.), *The Future of Money in the Information Age*, Washington, D. C.: Cato Institute http://www.cato.org/pubs/books/money/money18.htm (accessed 26 August 2004).

Capie, F. H. and Wood, G. E. (2001) "E - Money, Lender of Last Resort, and the Role of the Central Bank", paper presented at the SUERF Meeting, 25 - 27 October, Brussels.

Centi, J. P. and Bougi, G. (2003) "The Possible Economic Consequences of Electronic Money", in J. Birner and P. Garrouste (eds), *Austrian Perspectives on the New Economy*, London: Routledge, 259 - 81.

Cesarano, F. (1995) "The New Monetary Economics and the Theory of Money", *Journal of Economic Behaviour and Organization*, 26: 445 - 55.

Chaum, D. (1996) "Privacy and Social Protection in Electronic Payment Systems", in J. A. Dorn (ed.) (1996), *The Future of Money in the In-*

formation Age, Washington, D. C.: Cato Institute http://www.cato.org/pubs/books/money/money12.htm (accessed 26 August 2004).

Cohen, B. J. (2002) "Monetary Instability: Are National Currencies Becoming Obsolete?" in J. Busumtwi – Sam, M. Griffin Cohen, L. Dobuzinskis and S. McBride (eds), *Turbulance and New Directions in Global Political Economy*, London: Palgrave MacMillan, 125 – 40.

Costa Storti C. and De Grauwe, P. (2003) "Monetary Policy in a Cashless Society", in M. Balling, F. Lierman, and A. Mullineux (eds), *Technology and Finance, Challenges for Financial Markets, Business Strategies and Policy Makers*, London: Routledge, 241 – 60.

Cowen, T., and Kroszner, R. (1992) "German – Language Precursors of the New Monetary Economics", *Journal for Institutional and Theoretical Economics*, 148: 387 – 410.

Cowen, T., and Kroszner, R. (1994) *Explorations in the New Monetary Economics*, Oxford: Blackwell Publishers.

Crede, A. (1995) "Electronic Commerce and the Banking Industry: The Requirement and Opportunities for New Payment Systems Using the Internet", *Journal of Computer Mediated Communication*, http://www.ascusc.org/jcmc/vol1/issue3/vol1no3.html (accessed 26 August 2004).

Eichenbaum, M. S. and Wallace, N. (1985) "A Shred of Evidence on Public Acceptance of Privately Issued Currency", *Quarterly Review Federal Reserve Bank of Minneapolis* 9. http://minneapolisfed.org/research/qr/qr911.pdf.

England, C. (1996) "The Future of Currency Competition", in J. A. Dorn (ed.), *The Future of Money in the Information Age*, Cato Institute, Washington, D. C. http://www.cato.org/pubs/books/money/money18.htm (accessed 26 August 2004).

Freedman, C. (2000) "Monetary Policy Implementation: Past, Present, and Future – Will the Advent of Electronic Money Lead to the Demise of Central Banking?" *International Finance*, 3: 211 – 27.

Freixas, X., Holthausen, C., Terol I. and Thygessen, C. (2001) "Settlement in Commercial Bank Money versus Central Bank Money", paper presented at the SUERF Meeting, 25 – 27 October, Brussels.

Friedman, B. (1999) "The Future of Monetary Policy: The Central Bank as an Army with Only a Signaling Corps?" *International Finance*, 2: 321 – 38.

Friedman, B. (2000) "Decoupling at the Margin: The Threat to Monetary Policy from the Electronic Revolution in Banking", *International Finance*, 3: 261 – 72.

Good, B. A. (1998) "Private Money: Everything Old is New Again", *Economic Commentary Federal Reserve Bank of Cleveland* (April) http://www.clevelandfed.org/Research/com98/0401.pdf.

Goodhart, C. A. E. (1989) *Money, Information, and Uncertainty*, London: Macmillan.

Goodhart, C. A. E. (2000) "Can Central Banking Survive the IT Revolution", *International Finance*, 3: 189 – 209.

Greenfield, R. L. and Yeager, L. B. (1983) "A Laissez Faire Approach to Monetary Stability", *Journal of Money, Credit and Banking*, 15: 302 – 15.

Guthrie, G. and Wright, J. (2000) "Open Mouth Operations", *Journal of Monetary Economics*, 46: 489 – 516.

Henckel, T., Ize, A. and Kovanen, A. (1999) "Central Banking without Central Bank Money", IMF Working Paper WP/99/92, Washington, D. C.: IMF.

King, M. (1999) "Challenges for Monetary Policy: Old and New", paper prepared for the Symposium on "New Challenges for Monetary Policy", 27 August, sponsored by the Federal Reserve Bank of Kansas City at Jackson Hole, Wyoming.

Klein, B. (1974) "The competitive supply of money", *Journal of Money, Credit and Banking*, 6: 423 - 53.

Kobrin, S. J. (1997) "Electronic Cash and the End of National Markets", *Foreign Policy*, 107: 65 - 77.

Kroszner, R. S. (2001) "Currency Competition in the Digital Age", paper prepared for "The Origins and Evolution of Central Banking", 21 - 22 May, Federal Reserve Bank Cleveland.

Krüger, M. (1999) "Towards a Moneyless World?" University of Durham, Department of Economics & Finance, Working Paper No. 9916, Durham.

Matonis, J. W. (1995) "Digital Cash and Monetary Freedom", paper prepared for INET 95, 26 - 30 June, Honolulu, Hawaii.

McCallum, B. T. (2000) "The Present and the Future of Monetary Policy Rules", *International Finance*, 3: 273 - 86.

Menger, C. (1909) "Money" translated from "Geld", Handwörterbuch der Staatswissenschaften 3rd edition, Jena, in M. Latzer and S. W Schmitz (2002) (eds), *Carl Menger and the Evolution of Payments Systems: From Barter to ElectronicMoney*, Cheltenham: Edward Elgar, 26 - 108.

O' Hara, M. (1997) *Market Microstructure Theory*, Oxford: Blackwell Publishers.

Palley, T. I. (2002) "The E - Money Revolution: Challenges and Implications for Monetary Policy", *Journal of Post Keynesian Economics*, 24: 217 - 33.

Rich, G. (2000) "Monetary Policy without Central Bank Money: A Swiss Perspective", *International Finance*, 3: 439 - 69.

Schmitz, S. W (2002a) "Carl Menger's 'Money' and the Current Neoclassical Models of Money", in M. Latzer and S. W Schmitz (eds), *Carl Menger and the Evolution of Payments Systems: From Barter to Electronic Money*, Cheltenham: Edward Elgar, 111 - 32.

Schmitz, S. W (2002b) "The Institutional Character of Electronic Money Schemes", in M. Latzer and S. W Schmitz (eds), *Carl Menger and the Evolution of Payments Systems: From Barter to Electronic Money*, Cheltenham: Edward Elgar, 159 – 83.

Sellon, G. H. and Weiner, S. E. (1997) "Monetary Policy without Reserve Requirements: Case Studies and Options for the United States", *Federal Reserve Bank of Kansas City Economic Review* (Second Quarter): 6 – 30.

Selgin, G. A. (1994) "Free Banking and Monetary Control", *Economic Journal*, 104: 1449 – 59.

Selgin, G. A. (1996) "E – Money: Friend or Foe of Monetarism?" in J. A. Dorn (ed.) (1996), *The Future of Money in the Information Age*, Washington, D. C.: Cato Institutehttp: //www. cato. org/pubs/books/money/money13. htm (accessed 26 August 2004).

Selgin, G. A. and White, L. H. (1987) "The Evolution of a Free Banking System", *Economic Inquiry*, 25: 439 – 57.

Selgin, G. A. and White, L. H. (2002) "Mengerian Perspectives on the Future of Money" in M. Latzer, S. W. Schmitz (eds), *Carl Menger and the Evolution of Payments Systems: From Barter to Electronic Money*, Cheltenham: Edward Elgar, 133 – 58.

Stix, H. (2002) "Die Auswirkungen von elektronischem Geld auf die Geldpolitik", *Wirtschaftspolitische Blätter*, 49: 110 – 19.

Streissler, E. W. (2002) "Carl Menger's Article 'Money' in the History of Economic Thought", in M. Latzer and S. W. Schmitz (eds), *Carl Menger and the Evolution of Payments Systems: From Barter to Electronic Money*, Cheltenham: Edward Elgar, 11 – 24.

Taub, B. (1985) "Private Fiat Money with Many Suppliers", *Journal Monetary Economics*, 16: 195 – 208.

Thornton, D. L. (2000) "The Relationship between the Federal Funds Rate and the Fed's Federal Funds Rate Target: Is It Open Market or Open

Mouth Operations?" Federal Reserve Bank of St. Louis Working Paper, St. Louis.

White, L. H. (1984) "Competitive Payments Systems and the Unit of Account", *American Economic Review*, 74: 699 – 712.

White, L. H. (1999) *The Theory of Monetary Institutions*, Oxford: Blackwell Publishers.

Woodford, M. (1998) "Doing without Money: Controlling Inflation in a Post – Monetary World", *Review of Economic Dynamics*, 1: 173 – 219.

Woodford, M. (2000) "Monetary Policy in a World without Money", *International Finance*, 3: 229 – 60.

Woodford, M. (2002) "Financial Markets Efficiency and the Effectiveness of Monetary Policy", *Federal Reserve Bank of New York Economic Policy Review*, 8: 85 – 94.

注释

1 感谢我的讨论者 Cornelia Holthausen 和奥地利科学院项目研讨会参与者给出了建议和意见。

2 参见本书的引言。

3 参见 Menger (1909)、Krüger (1999)、Schmitz (2002b)、Selgin 和 White (2002) 和 Streissler (2002)。

4 另一个潜在的研究方向将是需要解决以下问题：支付体系的制度变迁会降低协调的边际成本，以降低社会一致采纳新的一般可接受交易媒介和新记账单位的边际成本吗？但这个问题超出了本文的范围。

5 尤其是 King (1999, 26) 重点说明了技术在支付体系制度变迁中的作用："这些发展（通过财富转移进行最终结算）的关键在于计算机能进行实时通信以允许对交易对手的信用程度进行瞬间验证，从而使私营机构可以进行带有最终性的实时全额结算。任何存在电子市场的有价证券可以作为结算过程的一部分。"参见 Friedman (1999, 329) 和 Kroszner (2001, 8)。

6 在新货币经济文献及其之前的研究中，这一过渡并没有得到统一的概念化。一些模型认为新记账单位以演进的方式出现并可能出现多种记账单位的共同使用，另一些模型则假设一种新的记账单位仅能通过政府管制来引入（参见 Cowen 和 Kroszner (1992,

1994）以及 Krüger（1999））。

7 Crede（1995）、Matonis（1995）、England（1996）、Kobrin（1997）、Cohen（2002）和 Kroszner（2001）认为多种记账单位共存是可取的，而且确实可能由电子货币的扩散而引发。

8 多种记账单位共存模型往往将该概念与货币竞争相混淆（如 Cohen（2002）和 Kroszner（2001））。

9 加入新电子支付系统的个体以多种方式投资于新技术（包括软件、获取必要的技术技能以及购买初始电子资金）。

10 关于网络效应作用的类似研究也在 Krüger（1999）中得到推进。

11 溢价取决于风险和不确定性的程度、个人对风险和不确定性的偏好、不同风险资产持有头寸的资源成本（即按一般可接受交易媒介计算不是名义上固定的）和相关的风险与不确定性、市场结构、交易者之间潜在的信息不对称以及交易和信息成本（参见 O'Hara（1997）和 Goodhart（1989））。它是市场做市商提供服务——中介服务——的价格。一般可接受交易媒介是经济中最具流动性的商品，是具有最高的可交易性从而具有最低溢价的商品（Menger，1909）。通过技术创新不太可能完全消除溢价，除非交易成本被完全消除（参见 Krüger（1999）和 Schmitz（2002b））。

12 货币政策实施更为详细的讨论参见第 7 章。

13 Selgin（1996）与 Selgin 和 White（2002）认为货币政策甚至将会更加有效，因为通货的消失可以减少货币乘数的变动，并进而提高中央银行货币和名义支出之间关系的可预测性。此外，中央银行货币占广义货币的比例也会下降，以至于每个单位在边际上变得更加有效。

14 参见 Freedman（2000）。

15 参见 Sellon 和 Weiner（1997）与 Woodford（2002）。

16 本节所讨论的许多建议都类似于货币经济学的 BFH 方法，该方法由 Black、Fama 和 Hall 首先提出，由 Greenfield 和 Yeager（1983）进一步发展，并由 Cowen 和 Kroszner（1994）作为新货币经济学进行了总结。Krüger（1999）批判性地讨论了 BFH 方法用于分析电子货币和金融/货币体系结构。

17 如 Crede（1995）、Matonis（1995）、England（1996）、Selgin（1996）和 Kobrin（1997）。

18 参见第 7 章关于货币政策实施的论述。

19 参见如在 2001 年 4 月 5 日至 6 日在纽约举办的关于金融创新和货币传导机制的 FRBNY 会议中陈述的论文（http：//www. ny. frb. org/pihome/news/speeches/finmon/fin-

mon. html)。

20 关于批发支付系统参见 Freixas 等 (2001)。关于其他可选交易媒介和多种记账单位的共同使用参见 Crede (1995)、Matonis (1995)、England (1996)、Selgin (1996)、Kobrin (1997)、Cohen (2002) 和 Kroszner (2001), 而对他们立场的批判参见 Schmitz (2002b) 以及 Selgin 和 White (2002)。

21 类似的方法也被 Woodford (1998) 所采纳, 并在 McCallum (2000) 与 Selgin 和 White (2002) 中得到讨论。

22 参见本书的引言部分。

23 如 Chaum (1996)。但他也认为在技术可行的情况下, 完全匿名性在电子支付系统中可能是不可取的。

24 应该增加各个立法的可靠性和强制性, 以及支付系统运营方适当的组织结构及其有效监管。

25 中央银行应该具有稳定性的主要原因有: (1) 其相当狭窄的活动领域; (2) 其庞大的准备金和铸币税; (3) 其最重要的政府支持; (4) 其垄断发行由政府强制其他银行 (准备金要求) 和个体接受的债务。因为这些是法定货币, 银行的债务人不能拒绝接收——中央银行总能以可忽略的边际成本随时恢复其自身的偿债能力和流动性。

26 Selgin 和 White (1987)。

27 Selgin 和 White (2002)。

28 Eichenbaum 和 Wallace (1985) 与 Good (1998)。

29 这是对 Woodford 观点的 Friedman 批判背后的经济学合理性: "如果没有什么可以支持中央银行 (关于货币市场利率均衡变化的) 意向的表达, 我怀疑市场将不再追随中央银行的操作。" (Friedman, 2000, 16)

30 关于通过财富转移进行最终结算的更详细讨论参见下文。

31 如 Borio (1997)、Guthrie 和 Wright (2000) 与 Thornton (2000)。

32 讨论和相关文献特别参见 White (1999) 和 Schmitz (2002b)。

33 Selgin (1994)。

34 Taub (1985)。

35 该价格形成机制是价格匹配的一个例子; 所有商品的市场价格通过记账单位提供, 且会在以记账单位度量的电子货币的主流市场价格下转换为电子货币单位。另外, 价格发现策略将需要每种电子货币的定价机制, 后者只受到在不同电子货币主导的商品市场间的无套利条件的约束 (Schmitz, 200b)。

36 Schmitz (2000b)。

37 White（1984）。

38 尤其参见 Costa Storti 和 De Grauwe（2003，图 13.2）。

39 如 Cowen 和 Kroszner（1994）。

40 关于同时使用多种记账单位的低效率的详细阐述参见 Schmitz（2002b）。

6. 是什么推动了电子货币的需求和供给：理论背景与历史教训

Cornelia Holthausen

6.1 引言

在过去几年里已发表了关于电子货币的众多模型。一些模型假设电子货币将与中央银行货币共存，一些模型则断定对中央银行货币的需求将趋于零，且只有新的支付形式会在经济主体间流转。还有些文献假设所有支付都将直接通过财富转移进行。

Schmitz 的论文回顾了所有这些不同类型的模型。但在其关键性评述中，他认为一些重要的问题在大多数文献中被忽略了。新货币机制的一些基本特征往往是被假设出来的而不是被讨论或推演出来的。特别是往往会对电子货币的广泛使用是否会导致中央银行货币完全消失作出简单的假设。类似地，也没有对中央银行货币需求的下降是否确实会降低货币政策的有效性或中央银行是否将维持其有效执行货币政策的能力展开深入分析。此外，大多数文献也没有讨论一个没有中央银行货币的经济将是什么样子的，以及这样的均衡如何能达到。Schmitz 格外关注是否将存在一种或也许多种记账单位，中央银行货币是否依然是记账单位，以及在多种货币中如何选择交易媒介。

在笔者看来，要回答这些问题，需要一个更严谨的需求模型。在不清楚是什么驱动经济主体去使用货币时，是不可能去假设经济主体的特定支付行为的。类似地，与之相关的是，也需要分析潜在货币发行者提供一种稳定通货的能力和动机。

在6.2节中，笔者将引用一些现有的更详细分析这些问题的私人货币文献，即使其并不以电子货币为背景。第6.3节对国家和国际层面的通货竞争问题进行了讨论，这也可以应用到电子货币情况。第6.4节回顾了一些关于私人货币的历史经验。这些“自由银行制”时期的评价有益于假设一个广泛使用电子货币的社会到底是什么样的。第6.5节总结了全文。

6.2 货币需求模型

虽然已有分析私人发行电子通货情况的分析工具，但Schmitz回顾的大多数文献都构建了自己的分析框架而不是借鉴现有文献的结果。事实上，即便没有与电子设备的可能性相关联，公共和私人货币作为交易媒介的共存在过去文献中已受到大量的关注。

作为一个起点，有必要分析为什么参与主体会持有和使用电子货币。众所周知，在没有需求双重耦合时，也就是商品的卖方对商品买方所提供的商品没有消费兴趣时，货币是以财富转移为目的的。在这种情况下，使用其他的商品作为支付手段是有利的。特别是如Kiyotaki和Wright（1989）的建模，卖方更倾向于接受一种用于交换其他商品且作为交易媒介在大多数情况下被其他人所接受的商品。只有当转售价值足够大时，一种商品（或私人货币）才能作为交易媒介被接受。

即使不存在需求的双重耦合，交易的进行仍然有可能不需要货币。可以想象经济主体基于信用进行买卖，或参与一种（循环）交易关系链的情形。然而，这样的机制往往是无法运作的，因为存在其他的摩擦使得货币有用处：信息的不对称和缺乏承诺或执行力。当经济主体没有充分了解到如关于其他主体所提供商品的质量或数量等信息时，他们更愿意接受在一定程度上共同接受的货币而不是其他主体的商品。类似地，当经济主体不能执行某一特定合约时，他们将避免使用复杂的契约安排而更愿意接受货币。因此，在这些摩擦存在的情况下，货币是重要且有利的，因为能实现更好的商品配置。

然而，如 Kocherlakota（1998a，b）所认为的，正是这些交易摩擦导致货币是至关重要的，这使得私人货币的接受性存在问题。下面将分别对此进行分析。

只要经济主体能不受惩罚地（即几乎不付出成本地）进行债务违约，执行就是有限的。例如，一个低效率的法律体系就是这种现象背后的原因。有限执行为私人货币的流通带来了问题：当承诺的要求权将由发行者完全赎回这一点清楚明白时（或者这种情况是一种共同信念时），私人货币就更容易被接受。[1]

在一个当权者不能强制执行契约的世界里，契约必须自我执行。这意味着订立契约时必须使遵守契约成为激励相容的。在参与者在未来某些时点会再次碰面的模型中，这样的契约就可被构建。即便未来的联系是通过第三方实现的，这里的反馈效应（如通过惩罚）也是可能的。例如，某个经济主体通过发行要求权（基于一般可接受交易媒介或其他商品）进行支付，卖方再使用该要求权购买其他商品等。如果这种要求权在经济主体间进行流通，那么就称为私人货币。在 Kiyotaki 和 Moore（2000）的研究中，经济主体是不能信守其承诺的，除非他发行了这样的要求权。在这样的情况下，内部货币得以流通。然而，他们没有说明为什么相比其他人而言，一些主体更能做出承诺。最近许多分析私人货币的模型都简单地假设执行契约是可能的。

信息的不对称性也可能为特定类型货币的接受度带来问题。想要使用这类货币的经济主体不能完全控制发行者的审慎行为，而后者存在行为不端的动机（Schreft，1997）。私人货币发行者有动机减少通货的支撑或者持有比承诺质量更低的资产。

如果缺乏货币发行者的信息，信誉可以用于克服这个问题。事实上，如 Bagehot（1873）所说，货币接受度最为重要的因素就是信任。这是私人和公共货币最本质的区别：政府货币的长时间流通使其能建立某种声誉。私人货币发行者仍然需要建立某种程度的信任。

Cavalcanti 和 Wallace（1999）检验了经济主体能树立声誉的模型。他们假设一些参与者——Cavalcanti 和 Wallace 假定是银行——拥有一种可以记录过去所有行为的技术。如果可以将这些信息免费提供给公众，这些银行就可以生产私人要求权。由于拥有关于这些银行的完备信息，经济主体可以惩罚行为不端的银行，如不接受它们的货币。因此，这为银行行为审慎提供了动力，从而导致了对其货币的接纳。作者指出具有私人货币的这种经济相比只有外在（政府）货币的经济而言可以提供更多的结果，因此在事前改进了配置。有人可能会抗议说这个结果取决于只有银行拥有保存记录的技术，因为没有明确说明为什么其他参与者不能够使用该技术。一种可能性是与参与者规模相关，即机构规模越大，知名度越高，消费者就越可能建立对其的信任。

一种可以帮助建立和维持发行者信任的安排是清算所。如 Gorton 和 Mullineaux（1987）所说，清算所确实常被用于处理不对称信息（这个问题在第 6.4 节详细讨论）。

6.3 通货竞争

在一个流通电子货币的经济中，多个私人发行者将最有可能提供作为支付手段的竞争性货币。竞争是有益的吗，能为发行最好即最稳定的货币提供激励吗？还是有害的，会使发行者有动机为了保持竞争力而去“欺骗”和提供低质量支持呢？

这一两难问题是私人货币早期争论的核心问题。Hayek（1976）和 Klein（1974）认为政府垄断纸币发行使得货币当局不受到维持其通货稳定的约束。两个作者建议通过允许外在货币供给的竞争来解决这个激励问题。在存在多个竞争性货币流通时，公众可以迅速替换不稳定的货币。在知道这一点后，货币当局将不会过量发行纸币。

相反，Friedman（1960）认为自由通货竞争将导致一个无限的价格水平。这些不同的预测是不同内在假设的结果：Friedman 假设不同发行者发行的纸币是没有区别的，因此发行者有激励尽可能少地支持其纸币，这将导致纸币价值的恶性循环（这种效应类似于格雷欣法则）。而 Klein 和 Hayek 的研究假设纸币发行者是有区别的。在这种情况下，一个通货膨胀的银行要将其纸币保持在流通中，就需要对其负债支付更高利率，这导致消费者在不同类型货币间是无差别的。[2]

国际通货竞争领域可以用于更仔细地分析 Hayek - Klein 的场景，因为在该场景中确实有几种可区别的通货在相互竞争。少数几篇文章在国际背景下研究了国家通货间的竞争。Matsuyama、Kiyotaki 和 Matsui (1993) 扩展了 Kiyotaki - Wright 的模型设置，建立了一个两币种模型，并指出在均衡中可能存在三种类型的制度：第一，各国使用自己的通货；第二，一种通货崛起成为两个国家唯一的支付手段；第三，两种通货相互间可以完全替代。因此，他们的理论预测确实有可能出现经济主体使用多种通货的情况。其他为多种货币使用提供合理性的文献是 Zhou (1997) 和 Rey (2001)。

这些文献的结论对于预测未来电子货币的使用可能是非常有想象力的。上述所有这些模型的一个重要特点是一般均衡是不确定的，也就是说，在许多情况下可能存在两种均衡（仅一种或多种货币在流通），且无法明确经济主体会选择哪种。多重均衡是网络外部性存在时会出现的一个典型特征。如果随着消费某种商品的消费者数量的增加，消费该特定商品的效用会提高，那么该商品就存在网络外部性。一个典型的例子就是电话网络，在已经有许多其他用户时加入这个网络是有利的。货币是另外一个例子，因为很明显越多的经济主体接受某种类型的货币，那么相对于其他货币而言持有这种货币就越有用。Jones (1976)、Kiyotaki 和 Wright (1989) 构建的模型也考虑了这个特征。模型中，参与主体接受的商品是他们认为会被大多数其他主体所接受的。

网络外部性显然是电子货币所表现出来的特征，并且可以解释为什么它在全世界的使用比预期的要低很多。基本上，在需求和供给方都存在两种类型的外部性：对于消费者而言，持有某类型电子货币有价值是因为他们认为可以用其进行购物；同时，只有当许多消费者需要用电子货币进行支付时，商户才会投资于处理电子货币所需要的技术。尽管电子货币的使用相对于其他如现金会更有效率，但由于均衡的不确定性，经济仍可能“陷入”没有电子货币使用的原有均衡中。此外，很难预测什么将足以激励经济主体转移到使用更多电子货币的均衡上。

考虑到达到电子货币均衡的困难，在流通中会有多种作为交易媒介的电子货币似乎更难以令人相信。再者，网络外部性可能会阻碍一个以上电子钱包被广泛接受。在这种情况下，发行者不值得进入该市场，因为由单个供给者提供货币可能是最有效的。换言之，货币是自然垄断的吗？网络外部性和自然垄断行业都可能导致一个非常集中的环境。为了保持竞争，一些用于保持竞争的监管将是适宜的，或者至少使得市场是竞争性的。

回顾历史证据，粗略地看就会得出货币确实是自然垄断这样的结论。然而，如 Vaubel（1990）所指出的，货币通常由单个供给者发行，因为这样更为有效，从而竞争是受限的和不必要的。但历史上还是有少数时期货币发行者间可能存在竞争，即所谓的自由银行时代。我们将在下一节转向讨论这些问题。

6.4 从历史中可学到什么?

电子货币自然是一种相对较新的现象，但多种货币在一个国家共存——私人的和/或公共的——却并不是。因此，分析本地货币竞争的历史经验是很有用的。在过去多个时期，私人和公共货币（或不同的私人货币）共同存在于流通中。一般来说，这些时期发生于具有发行货币垄断权的中央银行成立之前。商业银行被允许发行和流通其自己的纸币，而独立于公共发行的纸币。不过，记账单位通常仍然是公共货币或黄金。

“自由银行制”这个术语常用于描述这些时期。它本是指美国从1837 年到美国联邦储备银行成立的 1913 年这段时期，虽然这段时期并不是如该词所描述的那样没有银行监管。根据 Laidler（1992），自由银行制目前最常用于描述大量不受中央银行监管的银行活动。

对这些时期的研究对于推测公共货币与电子货币共同流通的货币体系特征是非常有用的。此外，历史经验可以回答几个重要的问题。一个核心的问题是私人货币的流通是否足够稳定。此外，如果私人货币流通，金融体系是否可以自我规范，或者是否存在由公共当权者规范其发行的理由？特别地，是否有必要要求以平价赎回以保证私人货币的稳定供给？

私人货币一个早期的案例是 White（1995）所描述的苏格兰自由银行体系。当苏格兰银行在 17 世纪初不再垄断纸币发行时，另外两家银行——苏格兰皇家银行和英国亚麻银行——开始了发行业务。三家银行的纸币同时流通。银行通过发行纸币而获利，是因为它们在其纸币流通时投资于生息资产。当然，纸币流通时间越长，银行利润就越高，这就引起了银行试图最大化其流通货币量：一些银行同意不赎回各自的纸币。然而，从其相对广泛的分支网络可以看出，该系统是非常稳定和相对发达的。

苏格兰银行设立了分支系统，这有助于增加纸币流通量。事实上，许多银行在全国开设分支网络，White 认为并没有证据表明通货生产是自然垄断的。苏格兰自由银行制的经验表明，在单个国家中可以存在多个相互竞争的货币。

在美国，两个最突出的自由银行时期可以作为银行间私人合作便利多种私人货币共同流通和被接受的案例。在萨福克银行体制下（1825—1858 年），波士顿地区流通着许多不同银行的纸币。在位于波士顿的萨福克银行的领导下，一个纸币净额清算系统得以建立。系统中的所有成员都必须在萨福克银行存入足够量的无息存款，以为萨福克银行提供一定程度的支持。

这个系统给金融体系带来了一系列的好处。第一，由于具备作为清算机构的职能，萨福克银行接受其他银行的纸币，从而具有监控这些银行投资组合管理和纸币发行行为的动机。这反过来激励银行审慎行事，并导致当地银行业比同时期本国其他地区具有更高的稳定性。第二，该系统对于在整个新英格兰实现统一货币是非常成功的。所有纸币都以平价进行交易，没有折扣来反映发行者的地理距离。因此，经验表明通过监管要求平价赎回并不总是必要的。

然而，对该系统的其中一个批判指向了萨福克银行的市场主导地位和它是否能够获取垄断租金。事实上，该系统的初衷是消除波士顿以外银行所发行纸币的流通。关于这个问题研究文献存在分歧。Rolnick、Smith 和 Weber（1998）使用资产负债表数据发现萨福克银行能够实现异常高的利润，从而得出结论认为纸币清算是一个垄断行业。而 Calomiris 和 Kahn（1996）认为该系统是波士顿地区多家银行联合协议的结果，从而构成了合作行为导致更优结果的案例。

作为私人货币最后的历史案例，我想提一提纽约清算所协会（New York Clearing House Association，NYCHA）。纽约清算所协会是银行间大额支付最主要的清算所。然而，它的特别之处在于在它存在的多个时期中，它在危机时期提供了流动性，从而承担了一般只有中央银行才有的职能。

流动性是以清算所贷款凭证（CHLC）的形式产生的。这是一个由银行向其他成员银行在需要流动性时提供的临时性贷款。通常而言，清算所贷款凭证在银行面临巨大存款提取并进而不能在清算所进行银行间债务结算的时候发行。为了避免连锁反应（可能导致更多系统成员违约），纽约清算所协会决定发行清算所贷款凭证来帮助克服临时性的流动性问题。该系统对于成员而言是可接受的，因为任何无法支付贷款利息的成员都将被驱逐出系统，这是一个很强的偿付动力，有助于成员间维持信任。

如 Cannon（1901）所写，这些纸币不应该被视为真正的通货，因为它们只能在清算所会员之间流通。不过，我认为它们是中央银行缺失下私人组织协作活动的一个有趣案例，增加了金融以及最终价格的稳定性。

上述案例提供的依据表明，在强大政府规制或中央银行参与缺失的情况下，私人系统在一定程度上是能够维持一个稳定的通货体系的。然而，自由银行时代仍然存在一些弊端。

首先，这些时期中的货币体系相比有中央银行货币的时期一般要更不稳定。银行倒闭的数量非常多，这使得发行的通货对于持有者而言没有多少价值（参见 Carr 和 Mathewson（1988）关于苏格兰违约事件的报告，以及 Dwyer（1996）或 Hammond（1957）关于美国的报告）。从表面上看，许多违约的银行拥有太多非流动性资产组合，以至于其在面临银行挤兑时变得非常脆弱（参见 Economopoulous，1990）。某些形式的政府规制可能有助于缓解这些问题。

另一个问题是关于监控多个发行者所带来的巨大成本问题。Gorton（1999）指出，在自由银行时代，有几百家银行发行纸币。这个时期的一个职业就是纸币经纪人。这些人投入了大量的资源来收集信息。一个信息来源是所谓的纸币记者，也就是包含发行者信息的报纸。

电子货币体系是否也会面临同样的信息传播问题呢？显然有获取发行者信息的需求。然而，现代化的计算机设备将导致更详细和更快捷的信息流动，极大地便利了这一过程。此外，如前面所提到的一个更为全面的政府规制将可以在一定程度上减少分散地进行信息采集的需求。

6.5 需要一个新的货币政策形式吗？

在有关未来中央银行货币的讨论中，一个核心的主题是中央银行继续实施货币政策的能力。特别是有观点认为电子货币的出现会消除中央银行货币供给和价格水平之间的联系。它所导致的对中央银行货币需求可能的极端下降常被认为是个问题。

然而，电子货币的出现对货币政策实施构成不了问题。目前，通常情况下电子货币钱包要么装载现金，要么使用银行账户余额，同时收款方随后将其费用扣除到其往来账户中。因此，即使中央银行货币需求会因此而降低，电子货币和中央银行货币之间的直接关联仍然存在。货币政策可以像以前一样实施，但需要重新估计货币流通速度。

然而，一旦电子货币可以独立于中央银行货币使用，该种联系就将被破坏。其中一种可能的情况是，电子货币的接受者不把收到的款项存入其账户，而是用于向第三方进行进一步支付。也就是说，如果某种电子货币被用于重复支付，例如在商人网络中，中央银行将不再能控制货币供给量。这也就是欧洲中央银行发布规定限制电子货币发行者的原因（参见 ECB，1998，1999）。

我们当前所了解货币政策的替代品相对而言却很少被提到。或许政策方法的改变需要与供给的发展同步？货币政策的主要目的是维持一个稳定的价格水平。如果流通中只有一种通货，稳定性就仅涉及这种货币。那么这个目标在经济中流通多种货币的时候该如何设定呢？可能应该考虑的是价格的数量，而不是价格水平。这不仅可用于私人纸币的流通，也可应用于电子货币对纸币的替代。

一种控制价格水平的方法是试图控制流通中不同货币与中央银行货币的兑换率（如果后者仍然存在的话）。这时，货币政策的作用将被其他政策工具如对发行者的监督和管理等取代。所实施措施的目标将是避免如过度发行、不审慎的纸币支持或欺诈等问题。因此，政策架构将需要利用金融机构监管者当前所使用的工具。

6.6 总结

关于电子货币的未来演变存在许多尚未解决的问题。至今的电子货币文献仅提到了其中少数几个。

为了形成关于电子货币的成熟理论，首先，需要对货币需求驱动因素进行建模，并区分其是由政府机构还是私人银行提供的。其次，需要对不同货币发行者间的竞争进行建模（同样区分私人和/或公众），以确定不同货币的未来供给。这些分析将为设想电子货币在未来所起显著作用的程度、对中央银行货币的需求是否仍然存在以及货币政策可能需要怎样的调整等提供有益的背景。

此外，回顾货币竞争的经验也是有益的，例如考察自由银行时代。在这里，可以从私人部门提供稳定货币环境的能力中汲取有用的见解。从过去的经验来看，私人经济主体似乎确实能在很大程度上实现这一目标。例如，类似如清算所的安排被证明对于降低信息不对称和激励问题是很重要的。同样，如果流通中存在私人货币完全或部分替代了中央银行货币，发行者就应该受到严密的监管。这需要通过发行者来避免不审慎的投资组合管理。事实上，应该思考对发行机构的充分监管，这也许类似于银行监管。最后，鉴于电子货币具有网络外部性及其生产类似于自然垄断，用于维持竞争环境的市场规制将是有益的。

参考文献

Bagehot，W. （1873） *Lombard Street；A Description of the Money Market*，London：H. S. King.

Calomiris，C. and Kahn，C. （1996） "The Efficiency of Self－Regulated Payments Systems：Learning from the Suffolk System"，*Journal of Money，Credit and Banking*，28：766－97.

Cannon，J. （1901） *Clearing Houses：Their History，Methods and Administration*，London：Smith Elder and Co.

Carr，J. and Mathewson，F. （1988） "Unlimited Liability as a Barrier to Entry"，*Journal of Political Economy*，96：766－84.

Cavalcanti R. and Wallace，N. （1999） "Model of Private Bank－Note Issue"，*Review of Economic Dynamics*，2 （1）：104－36.

Dwyer，G. P. Jr. （1996） "Wildcat Banking，Banking Panics，and Free Banking in the United States"，*Federal Reserve Bank of Atlanta Economic Review*，81：3－6.

Economopolous，A. （1990） "Free Banking Failures in New York and Wisconsin：A Portfolio Analysis"，*Explorations in Economic History* 27：421－41.

European Central Bank （1998），*Report on Electronic Money*，Frankfurt/Main：ECB.

European Central Bank （1999），*Opinion of the European Central Bank on Electronic Money and on Credit Institutions*，Frankfurt/Main：ECB.

Friedman，M. （1960） *A Program for Monetary Stability*，New York：Fordham University Press.

Gorton，G. （1999） "Pricing Free Bank Notes"，*Journal of Monetary Economics*，44：33－64.

Gorton，G. and Mullineaux，P. （1987） "The Joint Production of Confidence：Endogenous Regulation and Nineteenth Century Commercial – Bank Clearing Houses"，*Journal of Money*，*Credit*，*and Banking*，19：457 – 84.

Hammond，B. （1957） *Banks and Politics in America from the Revolution to the Civil War*，Princeton：Princeton University Press.

von Hayek，F. A. （1976） *Denationalisation of Money – The Argument Refined*，Hobart Paper Special 70，London：Institute of Economic Affairs.

Jones，R. （1976） "The Origin and Development of Media of Exchange"，*Journal of Political Economy*，84：757 – 75.

Kiyotaki，N. and Moore，J. （2000） "Inside Money and Liquidity"，mimeo London School of Economics.

Kiyotaki，N. and Wright，R. （1989） "On Money as a Medium of Exchange"，*Journal of Political Economy*，97：927 – 54.

Klein，B. （1974） "The Competitive Supply of Money"，*Journal of Money*，*Credit and Banking*，6：423 – 53.

Kocherlakota，N. （1998） "Money is Memory"，*Journal of Economic Theory*，81：232 – 51.

Kocherlakota，N. （1998b） "The technological role of fiat money"，*Federal Reserve Bank of Minneapolis Quarterly Review*，Summer 1998：2 – 10.

Laidler，D. （1992） "Free Banking：Theory"，J. Eatwell，M. Milgate and P. Newman （eds） *The New Palgrave Dictionary of Money and Finance*，London：Palgrave，196 – 97.

Matsuyama，K.，Kiyotaki，N. and Matsui，A. （1993） "Toward a Theory of International Currency"，*Review of Economic Studies*，60：283 – 307.

Rey，H. （2001） "International Trade and Currency Exchange"，*Review of Economic Studies*，68：443 – 64.

Rolnick，A.，Smith，B. and Weber，W. （1998） "Lessons From a Laissez – Faire Payments System：The Suffolk Banking System （1825 – 58）"，*Federal Reserve Bank of Minneapolis Quarterly Review*. Vol. 22，No. 3：11 – 21.

Schmitz，S. （2002） "The Institutional Character of New Electronic

Payments Systems: Redeemability and the Unit of Account", in M. Latzer and S. Schmitz, *Carl Menger and the Evolution of Payment Systems – from Barter to Electronic Money*, Cheltenham: Edward Elgar, 159 – 83.

Schreft, S. (1997) "Looking Forward: The Role for Government in Regulating Electronic Cash", *Federal Reserve Bank of Kansas City Economic Review* (Fourth Quarter): 59 – 84.

Vaubel, R. (1990) "Currency Competition: Free Entry Versus Governmental Legal Monopoly", in K. Groenveld, J. Maks, J. Muysken (eds), *Economic Policy and the Market Process*, pp. 23 – 38.

White, L. (1995) *Free Banking in Britain: Theory, Experience and Debate*, 1800—1845 (second edition), London: Institute of Economic Affairs.

White, L. (1999) *The Theory of Monetary Institutions*, Oxford: Basil Blackwell.

Williamson, S. (1999) "Private Money", *Journal of Money, Credit, and Banking*, 31: 469 – 91.

Zhou, R. (1997) "Currency Exchange in a Random Search Model", *Review of Economic Studies*, 64: 289 – 310.

注释

1 Schmitz (2002) 讨论了私人发行的货币为了被接受，是否总是需要具有完全可赎回性。也参见 White (1999)。

2 关于私人发行"不可兑换"货币的竞争可行性的不同观点，参见 White (1999) 和 Schmitz (2002)。

7. 无中央银行货币环境下的货币政策

Stefan W. Schmitz[1]

在最近关于支付体系创新对货币政策影响的争论中，许多论文强调了无货币经济假设中存在的问题。我论证了这些论文提出的模型都没能详细阐述他们试图模型化的支付体系制度结构；此外，他们还忽视了一般可接受交易媒介以及在潜在支付体系中最终结算媒介的存在所带来的问题。

Schmitz（2002b）认为最有可能的支付系统制度结构将保留中央银行货币的关键作用。然而对中央银行来说，理解无中央银行货币的假设环境中货币政策实施的潜在影响是很重要的，即使现在看来这似乎不太可能。[2]

中央银行货币作为一般可接受交易媒介的作用是当前制度设置下货币政策实施的前提条件。本文表明，赋予中央银行特定的监管权力将使其能在无中央银行货币环境下实施与货币政策等价的政策。该分析基于不以中央银行货币结算的支付体系概念，对中央银行货币的需求在该支付体系中实际为零。中央银行货币明确地为一般可接受交易媒介和最终结算媒介提供了存在的基础。中央银行可用的相关工具包括以一般可接受交易媒介来执行最低准备金要求，以及对在中央银行的存款准备金支付或收取利息。运用这些工具的能力并不依赖于中央银行以零边际成本发行一般可接受交易媒介[3] 这一垄断地位，而是来源于中央银行被赋予的拥有特定监管权力的公共机构这一角色。因此，中央银行将能够在不控制最终结算工具的市场价格的情况下，操纵持有最低准备金的机会成本。正如对欧洲中央银行和美联储操作的法律基础的分析所表明的那样，中央银行事实上已经具备必要的监管权力。授予中央银行必要的监管权力的政治经济目标同样适用于当前欧元区和美国的制度框架。

第 7.1 节回顾了已有的对无货币环境下的货币政策的一些建议。第 7.2 节讨论了在不存在明确为一般可接受交易媒介、记账单位和最终结算工具的中央银行货币的环境中的货币政策实施。具体来说，首先概念化了有中央银行货币环境中的一系列货币政策工具。然后讨论了没有发行一般可接受交易媒介的中央银行如何应用这些工具来实施货币政策的等价职能。最后分析了提出的其他货币政策实施工具存在的政治经济问题。第 7.3 节为总结和结论。

7.1 无中央银行货币环境下货币政策制定的建议

为了分析无货币环境下的货币政策，Goodhart（2000）假设：所有支付均基于以多种可区分单位计量的电子货币的转移。多种电子支付方式（电子货币）的价值相互浮动，没有一般可接受交易媒介，因此也没有统一的记账单位。同其他金融机构在市场上对流动资金的操作一样，中央银行也提供电子货币并给出买价（存款利率）和卖价（贷款利率）。流动性买价和卖价之间的价差取决于一些实际因素，如不确定性、不确定性偏好、持有各种金融资产存货头寸的资金成本及相关的不确定性、市场参与者之间的潜在信息不对称性、操作成本以及交易成本和信息成本。[4]

作为非营利性机构和政府的银行，中央银行能够提供更低的价差并承担潜在大额损失。这是因为政府提供了无限的金融支持。假设政府承诺是可信的，中央银行的买卖差价会改变流动资金的市场利率，即使中央银行并非流动性资金的垄断供应者[5]。且不说政府可能最终面临预算约束[6]这一现实，这个建议也显得不完整且前后矛盾。由于并不存在统一记账单位，所以也不存在中央银行能稳定的统一价格水平[7]。流动性资金市场似乎由短期金融资产组成，但是并没有与所有其他资产相比以最小差价进行交易的可交易的、最具流动性的资产。流动性资金市场似乎由与电子支付方式（电子货币）相比具有更低流动性的资金组成。由于并没有最终结算媒介，因此模型存在循环性问题。如果发行方仅仅以己方电子货币单位对买价和卖价进行报价，则预算约束的具体形式并不明晰，除非该货币单位可以以对于对方发行者（外部货币）来说获取和生产成本高昂的某些资产进行赎回。由于名义价格的概念和名义价格形成机制在模型中都没有定义，因此我们并不清楚货币政策究竟能在多大程度上为实体经济提供名义锚。

更进一步说，在模型中货币政策对宏观经济活动的影响有限。中央银行发行的电子货币的银根收缩会直接影响以不同电子货币衡量的价格水平，从而直接影响经济中以这一特殊电子货币单位运营的那部分宏观经济活动。这一系统似乎是不稳定的。中央银行对竞争机构发行电子货币的政策的直接影响是什么？扩张性的货币政策意味着中央银行缩小市场上流动性金融资产的买卖差价，从而潜在地吸引更多代理人出售并相应地产生更多以中央银行自身电子货币形式的支付。总之，扩张性的货币政策有如下影响：中央银行电子货币单位的价值相对于竞争者贬值，同时以中央银行货币单位计价的价格水平上升。但是，以其他货币单位计价的价格水平保持不变。带抛补的利率平价保证了其他名义变量与中央银行货币无关。[8] 这一论点假设电子货币之间的汇率相对于按照其他电子货币计价的商品价格更具灵活性。由于我们整个讨论建立在信息和交流技术已克服了经济摩擦这一假设之上，电子货币之间的汇率事实上似乎相对于商品市场价格来说具有更小的黏性。假设竞争对手采取同样的措施，他们将遭受损失，最终破产，这是由于他们面临严格的预算约束。中央银行成为电子货币的唯一发行者，重新成为一般可接受交易媒介和统一记账单位的垄断发行者。另一种情况是，竞争者使自身差价保持不变。除非以中央银行电子货币单位计价的相对价格水平上升，中央银行货币与其他货币单位之间的汇率相应贬值，否则中央银行将吸引所有交易并将竞争对手驱逐出市场。同样的，面对中央银行扩张性的货币政策，以其他电子货币计价的名义价格将保持不变。

Goodhart 进一步假设了由中央银行发行的电子货币“总是可接受的（因为它是政府的银行），因此它总能挤出其他货币，直到系统拥有它所希望数量的己方电子货币……”（Goodhart，2000，28）这意味着它是一般可接受交易媒介，因此也是记账单位。在这种情况下，由于以大量竞争性的电子支付方式而非以单一一般可接受交易媒介和统一记账单位执行货币政策，因此模型崩溃成为现行制度安排。

Freeman（2000）也提供了一个关于在与中央银行不同的结算机制环境下货币政策施行的思想实验。他提出了两个建议。

（1）中央银行能够出售国债并限制自身债务可接受的支付形式。除非中央银行是国债的唯一来源，否则其他银行不能以现行市场利率从其他市场参与者或财政部那里购买国债的原因并不清楚。法规确保中央银行货币作为国债的支付手段，但并不必然使其成为其他交易的一般可接受交易媒介和最终结算媒介。同样不清楚的还有此模型中国债究竟使用何种记账单位计价，在国债到期时应该如何进行最终结算。

（2）当结算并不通过中央银行的账簿进行时，中央银行仍然能通过常备便利持续地向市场提供流动性。它能以自身的负债为这些常备便利提供资金，它的负债显然仍被市场参与者所接受。进一步说，中央银行货币似乎仍是一般可接受交易媒介、记账单位和最终结算媒介。但是此模型中支付系统制度结构的细节并没有详细说明，仅仅只能从模型的一般描述中进行推测。因此，模型并没有为现行系统提供一个替代物。私有结算系统进一步减少了对中央银行货币的需求，但是总体上对中央银行货币的需求是正的，同时整个系统仍牢固地依靠中央银行货币。本质上，这个模型没有很好地描述无中央银行货币的环境。

Henckel/Ize/Kovanen（1999）在接下来的模型中讨论了无基础货币环境下的货币政策实施。自动日终结算发生在私人清算结算机构（CSI）的账簿上。净债务人和净债权人将为其日末净头寸接受或支付利率。国债为这些信用交易提供抵押。在没有通过中央银行账簿进行结算的情况下，国债交易将提供最终性。抵押的隔夜头寸将无限地延长这一净额处理过程。尽管模型中没有货币，但通过改变私人清算结算系统中日末净贷款额和净借款额的借贷利率，中央银行仍保留着设定隔夜利率的权力。出于监管原因，这些利率对于中央银行而言是需要的。这使得无论其自身负债是否作为最终结算媒介，中央银行都能够决定借贷利率。中央银行只为隔夜市场中的净头寸设置利率，而不为准备金存量设置利率。在这个模型中，准备金的存量由国债和持有的机会成本组成；这定义了流动性的成本而不是日末净头寸的利率，日末净头寸主要只是支付过程的余额。

中央银行设置隔夜利率的能力（为自动日末结算）解释了中央银行仍是最终结算媒介、一般可接受交易媒介和记账单位的原因。因此，对中央银行货币的需求为正。作者认为中央银行能够通过充分地改变其隔夜工具的借贷利率为市场隔夜结算设置目标利率。但是 Friedman（1999，2000）和 Woodford（2000）指出，无限制且不受管制地从市场获得或向市场提供资金并不是这种政策工具有效的前提条件。

尽管中央银行具有持续的垄断地位，但作者仍试图为以纯内生货币计价的价格水平问题提供解决方案。他们从一个小型宏观模型中推导出泰勒法则，证实宣布目标通货膨胀率足以锚住整个系统，同时决定经济中的价格水平。

此模型并没有明确地提到一般可接受交易媒介和记账单位。但是，似乎中央银行货币仍然是模型中的一般可接受交易媒介和记账单位。因此，国债的转移并不能提供经济意义上的结算最终性，因为它们构成了对中央银行货币的债权。正如作者所承认的，国债的转移或多或少地延长了净额处理过程。作者并没有讨论无中央银行货币的模型，而是讨论了在银行间市场总隔夜结算余额接近零的一个模型。然而，中央银行货币仍然是最终结算媒介，同时国债是不具有结算最终性[9]的日末净头寸结算方式。否则模型会出现循环性。

为使泰勒法则足以决定此经济中的价格水平，需要对价格水平做出定义。如果对中央银行货币的需求为零，以中央银行货币计价的价格水平就明确了；它是无限的。此外，模型的设定是前后矛盾的，除非对中央银行货币的需求（模型中的一般可接受交易媒介）仍为正且货币供应并非如作者所说的纯外生。结果就是，他们的模型可以归纳为对扩展净额进行结算，以及具有正的中央银行货币需求同时总的隔夜结算余额接近零的模型中泰勒法则的阐述。大体上说，由于不确定性，单个隔夜准备金至少能够在某些晚上保持非零。此模型这样的制度安排非常类似于新西兰的货币框架。[10]

Lahdenperä（2001）提出了货币体系未来状态的一个概念体系。模型假设了两个竞争性的结算系统，它们均以电子货币提供最终结算。一个由中央银行运营，另一个由私人清算结算机构运营。参与者可以自由选择，但是改变结算系统会有交易成本。它们均以各自利率提供常备便利。此外，参与者也可以从货币市场获得资金。中央银行发行的电子货币和私人发行的货币之间通常按面值和单一市场利率进行交易。为了应对两个系统中的流动性冲击，参与者持有两种电子货币储备。中央银行是否能够控制货币市场利率？这取决于竞争的结算系统各自借款利率的加权平均。Lahdenperä总结认为，中央银行仍有在自己的结算系统中操纵借款利率的能力，从而能够操纵货币市场利率。中央银行对货币市场的影响是局部的，因为它不是系统中最终结算媒介和准备金的垄断供应者。其他最终结算提供者同样会对隔夜利率产生影响。两个结算代理人政策的相对影响取决于总的借款利率中各自借款利率的权重。权重对应着竞争性结算系统的市场份额以及各自准备金赤字或盈余的可能性。[11]

模型假设竞争性的电子货币间以平价进行交易，但是没有论述平价如何维持。支持模型假设结构的制度安排也没有在文章中进行讨论。仍然不清楚的是，私人发行的电子货币是否以商品、金融资产或法定货币作为基础。如果中央银行货币仍是法定货币，且竞争性的电子货币以商品或金融资产作为基础，当且仅当预期各电子货币名义市场总值在任何时候都能保持完全稳定时，平价才得以维持。除非私人发行的电子货币以中央银行货币为基础，不然很难满足上述条件。电子货币之间的区别在于借款利率。如果货币市场中电子货币互为完全替代品，借款利率的差别就仅是在系统之间进行转换的交易成本引起的暂时现象。随着时间流逝，差距会达到平衡，除非结算系统的其他特点（如结算风险和操作风险，监管作用等）完全抵消了利率差异。否则，具有较低借款利率的系统会获得市场份额并最终占据垄断位置。

此外，Lahdenperä 没有说明竞争性的电子货币是否具有一般可接受交易媒介和最终结算媒介的作用。而在另外的部分（英文原文第 29 页脚注 18），他赞成 King（1999）的立场，即统一的记账单位“能够如同今天其他度量衡一样由规则提供”。正如 Schimitz（本书第 5 章）所指出的，对度量衡规则与记账单位之间的类比来源于经济中交换主观性的错觉。[12]

如果认真地审视这个模型，以下隐含的制度安排体现了模型的主要特点，例如完全可替代性、单一货币市场利率和不同的借款利率：中央银行货币仍是一般可接受交易媒介和最终结算媒介。私人发行的其他电子货币可以用中央银行货币计价和赎回。其他结算系统可以通过净额结算安排节约中央银行货币储备。与实施中央银行货币实时全额结算相比，实行准备金净额结算和集中使用带来了更高的结算风险，结算代理人能用超额准备金投资低风险政府债务，此时系统是有利可图的。

在这样的制度安排下，货币政策是如何运作的？中央银行仍然是以零边际成本提供一般可接受交易媒介的垄断供应者。要求结算余额须符合清偿能力的规定，对其他电子货币发行者构成了约束，因此其在提供电子货币时面临着正的边际成本。其他电子货币成为一种支付手段——既不是一般可接受交易媒介，也不是最终结算媒介。这样的制度安排已经在世界范围内广泛运用（如 CHIPS），且对货币政策实施效力基本上没有严重威胁。

7.2 无货币环境下的货币政策

在本节第 7.2.1 部分，笔者对中央银行在有中央银行货币环境下实施货币政策所采用的工具作了概念化。接着，笔者讨论了在无中央银行货币环境下最终结算媒介的选择。然后笔者评估了中央银行的这些工具是否以及在多大程度上足以在无中央银行货币环境中制定和执行货币政策的等价政策。在第 7.2.2 部分，笔者简要地考虑了无中央银行货币环境下货币政策执行工具的政治经济影响。

7.2.1 存在中央银行货币环境下的货币市场和货币政策

Bindseil（2004）介绍了英格兰银行、德意志联邦银行（前德国国家银行）和美国联邦储备委员会系统实施货币政策的变迁。在很长的历史时间里，英格兰银行和德意志联邦银行都将货币市场利率而非数量变量视为其主要操作目标。而美联储直到20世纪90年代都常以数量变量作为目标。近年来，欧洲中央银行、美联储和英格兰银行都将银行间货币市场利率作为货币政策执行的操作目标。[13]Borio（2001）也指出工业化国家的中央银行通过操纵银行间货币市场利率和公开市场操作（OMOs）来执行货币政策。[14]它们通过操控相对价格以及持有最终结算媒介的机会成本——账户上所持中央银行货币和最优可替代投资之间的利率价差——来执行货币政策。

笔者把分析限制在五个货币政策执行工具范围内，即：（1）中央银行交流策略——宣告操作目标（主要政策变量）的特定水平；（2）最低准备金要求；（3）公开市场操作；（4）日间信贷[15]；（5）常备便利。

尽管支付系统参与者以中央银行货币结算并不一定是法定的要求，但是他们通常是这样做的。在批发支付系统中，中央银行货币的作用是作为连接中央银行、整体经济支付体系、名义GDP和价格水平的纽带。它作为最终结算媒介是其作为一般可接受交易媒介的附带功能。原则上，在批发支付系统层面对中央银行货币的依赖消除了结算（例如通过清算结算机构）后的信用和流动性风险。[16]用中央银行货币结算保证了经济意义上的结算最终性（与此不同的是法律意义上的最终性，即无条件的且不可撤销的支付），因为中央银行货币既不是对实际资源也不是对名义支付的明确要求权。通常准备金要求是在一个完成期内的平均值，在中央银行的同一账户通常可以用于管理结算余额、在银行间结算过程中注资和抽资以及满足准备金要求。在银行间支付系统，中央银行准备金是最终结算媒介。不论零售支付系统中采用的支付方式是什么，只要准备金是以中央银行货币计价从而与银行间同业拆借市场相连，就保证了正的中央银行货币需求。[17]

基于中央银行账簿进行结算还有其他优势。作为公共机构，其被要求能够在公平、平等和无差别待遇的情况下提供对其账户和日间信贷的准入。Freeman（2000）认为在竞争对手账簿上进行结算会给私人清算结算机构带来竞争优势，其负债承担了部分信用风险，也不能像中央银行一样以零边际成本增加流动性，也不能可信地作为最后贷款人。

分析从直接（如联邦基金利率）或间接（如公开市场操作实施的利率，比如最低投标利率）宣告主要操作目标水平开始。宣告的可信度和其对银行间货币市场利率的影响取决于中央银行以零边际成本增加准备金总量的能力。尽管公开市场操作规模比较小，但它却能够很好地操纵主要政策利率。常常有关于中央银行是否可以在很大程度上依赖其宣告目标值对操作目标利率的影响（“公告操作”）的争论。[18]货币政策实施的这一简化并不合情合理，尽管公开市场操作的规模相对较小。为了真正地实现预期市场利率，并遏制操作目标围绕宣告目标的波动，事实上中央银行还有很多额外的工具。

在主要政策变量（如图 7.1 中的隔夜利率 r^{pol}）的预期水平下，支付系统中经常出现结构化流动性赤字。结构化流动性赤字被定义为在主要政策利率预期水平下，隔夜准备金需求 D（r^{pol}）和供给 S（r^{pol}）之间的差额。[19]结构化流动性赤字反映出，货币市场参与者需要的中央银行货币比市场中可获取的中央银行货币更多。总的来说，最低准备金要求的变化是中央银行在维持期内控制中央银行货币准备金需求 D 及其波动的额外工具。最低准备金要求的变化非常不频繁，且其在限制 D 波动性上的作用很大程度上依赖于完成期内的平均安排。

中央银行估计结构化流动性赤字的（预期）水平，并设置再融资操作的规模 ΔR^S，使准备金的总供给 $S(r^{pol}) + \Delta R^S$ 等于其在预期隔夜利率水平下的（预期）总需求 D（r^{pol}）。换言之，它们根据 $\Delta R^S = D(r^{pol}) - S(r^{pol})$ 决定公开市场操作的规模。通过公开市场操作对总供给进行操控实际上是一种在市场中执行预期市场利率的方法。因为中央银行在预定时间后会采取反向的再融资操作（回购债券协议），所以只存在短期均衡，这使得结构化流动性赤字只能在短期内得到弥补。[20]结构化流动性赤字使得至少某些参与者在其对中央银行未偿还债务到期时，不得不为额外准备金总量竞价。将公开市场操作的小规模以及流动性赤字与银行间市场的周转量进行对比容易令人误解，因为这种做法将准备金总量在市场参与者之间的持续性再分配与准备金总量自主性和外生性的改变联系到了一起。

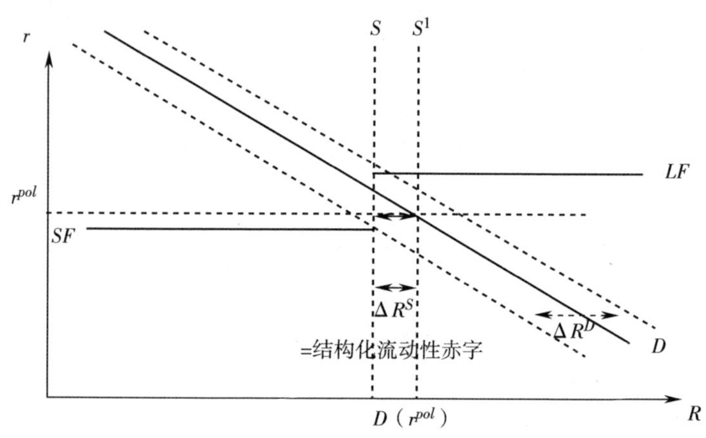

图 7.1　隔夜市场上的隔夜准备金总量和结构化流动性赤字

隔夜准备金总量是单个银行隔夜准备金的总和。总的隔夜准备金水平由公开市场操作控制。中央银行并不清楚需求曲线 D 具体的斜率和截距，也不知道结构化流动性赤字的规模。在公开市场操作中对中央银行货币的具体需求主要取决于最低准备金要求的水平、在维持期内的预期余额、当前的平均安排和预期的未来隔夜利率。均衡条件下，在下一个再融资操作前隔夜市场中借款的预期折现边际成本必须等于在当前再融资操作中通过公开市场操作从中央银行借款的预期边际成本。相对于每日总量而言较小的公开市场操作规模是无关紧要的，因为价格形成只在边际上有效，且只有中央银行才能以零边际成本在边际上操纵供给。除非公开市场操作中流动性大幅度偏离了预期，否则市场参与者没有动机以大幅度低于或高于主要操作目标的预期水平来进行借贷。

为了获得一定的灵活度，中央银行能够通过拍卖额外总流动性 ΔR^S

来应对这种不确定性。图 7.2 说明了 ΔR^S 在取值范围［0，$\Delta R^{S_{max}}$］内是内生的，该范围如同最小买方出价 $r^{OMO_{min}}$一样是由中央银行决定的。如果对再融资的总需求 D_2^{OMO} 小于特定再融资操作的最大量，那么所有出价将以各自的出价利率[21]成交，且总量将等于投标的总和 $\Delta R_2^S < \Delta R^{S_{max}}$。如果出价的总和 D_1^{OMO} 超过了 $\Delta R^{S_{max}}$，则并非所有的出价都能成交，且额外资金的分配与边际分配率将依赖于当时的分配机制。

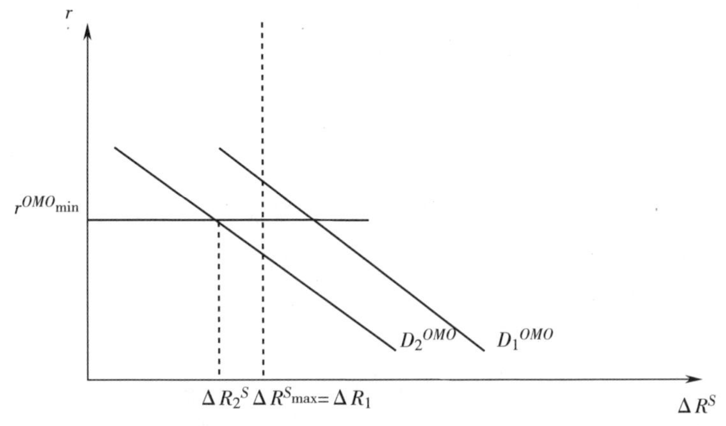

图 7.2　OMOs 的最大量、对额外中央银行货币准备金的需求以及中央银行货币准备金总量实现的增加

隔夜利率在公开市场操作期间也接近目标水平，因为中央银行为了消除宣告操作目标水平上货币市场预期结构化流动性赤字，精确地确定了公开市场操作的最大操作量。整个实施过程是为了确保总供给曲线和总需求曲线在宣告操作目标水平交叉，除非中央银行对结构化赤字的估计是错误的，且/或货币市场的条件意外地出现了变化。在均衡条件下，商业银行为隔夜准备金出价时，没有动机以大幅超出目标水平来支付隔夜利率，因为它们相应地安排在公开市场操作中的出价行为。除此之外，暂时的流动性冲击对隔夜准备金总需求的影响在完成期内通过存款准备金的平均安排而（部分地）被吸收了。更长的剩余完成期使得更多的暂时冲击能够被跨期替代效应所吸收。[22]假设公开市场操作的频率与完成期高度相关，市场参与者能够在某种程度上跨期替代公开市场操作中隔夜信贷的出价。

再融资操作结束后，总准备金的供给是一定的，并不受银行间市场和支付系统参与者的影响。参与者们在日间和隔夜货币市场上很活跃，两个市场上的供给和需求是独立的。为了应对更大的流动性冲击或发生在完成期结束时的冲击，中央银行可以使用额外的工具来稳定公开市场操作期内的操作目标：日间信贷和常备便利。

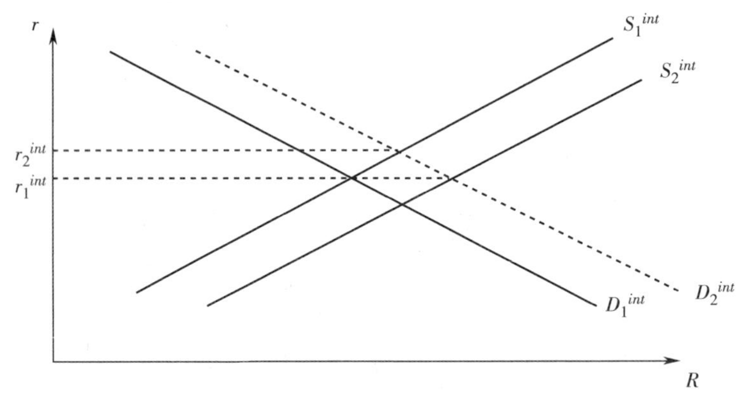

图 7.3　实时全额结算系统中的日间货币市场和中央银行日间信贷的可获得性

单个银行在日间市场上的日间流动性供需，取决于其在交易日日初的中央银行货币准备金、支付借记和贷记的过程、其相互之间的同步性程度、隔夜中央银行货币准备金的目标水平以及支付系统的制度安排。日间准备金具有递减的边际流动性服务收益，需求曲线 D^{int} 是向下倾斜的（见图 7.3）。一系列来账和往账支付基本上是一个随机过程，在超短期内不受单个银行影响。[23]因此，单个银行在日间市场上的供给和需求及其总量都具有不确定性。在净额结算系统中，这些短期流动性冲击几乎在日内平均分布，这是因为参与者之间互相授予了隐含信用。

大多数工业化国家的银行间支付系统是带有中央银行所提供日间信贷的实时全额结算系统（Real Time Gross Settlement Systems，RTGS）。[24]在

RTGS 中，动态机制会导致流动性僵锁，日间流动性总需求从 D_1^{int} 增加到 D_2^{int}，日间市场利率则从 r_1^{int} 增加到 r_2^{int}。由于对隐含不确定性和关于流动性水平的模糊市场信号进行对冲的成本带来了福利成本，为了遏制日间市场的波动，中央银行可以向市场参与者提供日间信贷，以吸收超短期暂时性流动性冲击，使得供给曲线从 S_1^{int} 移动到 S_2^{int}。日间信贷的通过使支付债务更加清晰和风险管理得以加强，也增强了银行间支付系统相对于净额结算系统的稳定性。因此，日间流动性的总供给在某种程度上被内生化了。此外，日间信贷降低了 RTGS 中的流动性成本。为了降低中央银行的信用风险，日间信贷通常需要抵押担保。为了避免隔夜市场中的流动性溢出，进而向主要操作目标施加下行压力，日间信贷在日末就停止使用。[25]

由于日间信贷须在交易日末进行偿付，因此隔夜准备金的总供给就独立于中央银行的日间流动性管理。对隔夜中央银行货币余额的需求主要取决于一系列因素：银行结算账户的日末余额、最低准备金要求、完成期的剩余时间以及对截至完成期末未来隔夜利率的预期。[26]

给定完成期的剩余时间、银行对维持期末之前未来隔夜利率的预期和对日末隔夜利率的预期，银行可以制定其隔夜准备金目标。给定这些目标，银行试图在日内利用其（有限的）空间进行调控，以期使日末余额等于目标水平。在实现日末余额后，银行借出超额准备金，或借入超额准备金以弥补隔夜市场的赤字。其借入借出决策并不是机械地取决于与隔夜准备金目标挂钩的日末余额。给定银行对未来隔夜利率的预期，当前隔夜利率的上升使得银行有动力降低其隔夜准备金目标并增加在市场中的借出或减少市场中的借入。供给和需求对隔夜利率的弹性取决于银行的风险偏好。[27]由于中央银行货币隔夜准备金的边际流动性服务收益是递减的，因此隔夜准备金是隔夜利率的减函数。总供给是由外生决定的。

在持有期内未来隔夜利率预期的变化会使当前隔夜货币市场的供给和需求曲线出现移动。预期未来利率上升使当前需求曲线向上移动，因为当前准备金在平均期内可以作为未来准备金的替代。相应地，预期未来利率下降使需求曲线向下移动。

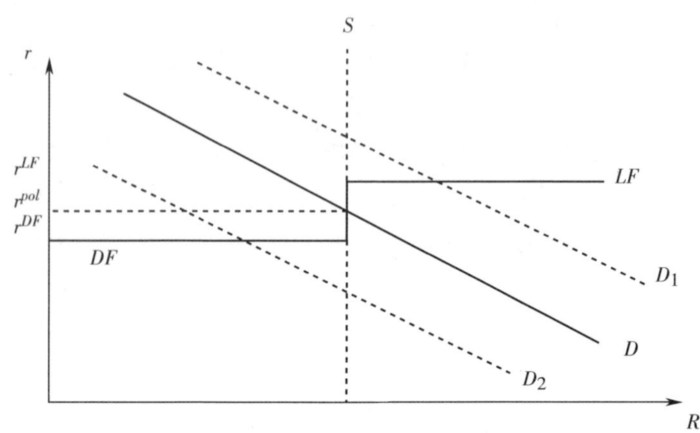

图 7.4　两次公开市场操作之间中央银行货币准备金隔夜市场和常备便利

除了公开市场操作和日间信贷以外，中央银行通常通过在市场利率的基础上加上一定溢价提供（某种）常备便利来储存（存款便利）或筹集流动性（贷款便利）。这些便利的利率（图 7.4 中的 r^{DF} 和 r^{LF} 为隔夜货币市场利率设置了上下限。以零边际成本提供中央银行货币准备金和作为一般可接受交易媒介是中央银行能够为货币市场利率设定上下限的前提条件。中央银行在边界上针对 r^{DF} 和 r^{LF} 没有预算约束。在图 7.4 中，尽管需求从 D 移到 D_1 再到 D_2，存款便利 DF 和贷款便利 LF 仍保证了主要的操作目标在［r^{DF}，r^{LF}］范围内。

由于 r^{DF} 和 r^{LF} 构成了偏离银行间货币市场的惩罚性费率，因此参与者有动力在使用常备便利前在隔夜市场中借入和存入资金。更富有流动性的市场是中央银行额外的中间政策目标，因为其构成了有益于温和的货币政策实施和金融市场稳定的环境的重要特征。常备便利并不是用来大幅度控制市场流动性，而是在暂时的流动性冲击超过最低准备金要求吸收能力的情况下，减少隔夜利率的波动性。[28]

7.2.2　无中央银行货币环境下的货币市场和货币政策

Friedman（1999）和 Woodford（1998）推导了中央银行货币对总支

出不断下降的比率趋向于数学极限的趋势。运作批发和零售支付系统所需的中央银行货币数量将最终趋于零。他们隐含地假设，接近极限以及一旦达到极限时，货币系统的行为原则上会显现出结构的连续性。即使预计中央银行货币在极限时会变得无关紧要，货币系统依然没有出现不稳定性或结构的变化。[29]

与他们的方法不同，我讨论了到达极限时银行间支付系统的制度安排和无中央银行货币环境下货币政策的应用。需要强调的是：（1）银行间支付系统的最终结算媒介是什么，它与一般可接受交易媒介（如果存在的话）有何关联？（2）中央银行可用于操作货币市场价格和/或数量的工具有哪些？（3）其他货币政策实施工具的政治经济影响是什么？

7.2.2.1 最终结算媒介的选择

在存在中央银行货币的环境下，一般可接受交易媒介（中央银行货币）也作为银行间支付系统的最终结算媒介。Schmitz（2002b）认为，出于效率的考虑，在无中央银行货币环境下相关市场会流行单一的一般可接受交易媒介和统一的记账单位。所有支付手段是对最终结算媒介的要求权。为了通过消除信用风险、流动性风险和市场风险来缩小银行间市场的买卖利率价差，一般可接受交易媒介同时也作为银行间市场的最终结算媒介。一般可接受交易媒介是唯一的不是对未来资源的直接或间接要求权的媒介，这保证了银行间支付系统的结算最终性。[30]

很多提出无货币环境模型的论文都认为债务工具或实体财富能够作为最终结算的媒介。[31]那么这对于结算过程效率的影响是什么呢？

（1）如果没有一般可接受交易媒介且结算以实体财富进行，那么结算会诱发债务工具的信用风险、流动性风险和市场风险。一旦债务工具到期，基础实体资源就不得不承担额外的交易成本，与实际需要的商品进行交换（物物交换）。如果可以作为完全替代品并具有相等流动性，合格的工具只会按平价进行交易。否则最具流动性的结算工具将以最小的买卖价差交易，并会驱逐出结算过程中的其他债务工具。价格水平将以基础实体资源计价。价格水平的稳定性依赖于约束债务工具发行的制度安排和基础实体资源的生产函数。

（2）一般可接受交易媒介的存在会提升效率，因为对实体财富的债权将由以一般可接受交易媒介计价但与基础实体资源价格挂钩的金融资产控制。[32]如果存在一般可接受交易媒介，且银行间支付用于一般可接受交易媒介计价的债务进行最终结算，那么由于存在信用风险、流动性风险和市场风险，其交易成本会比以一般可接受交易媒介结算的成本更高。每次债务工具的结算都需要就结算中可接受的工具和有关的相对价格进行协商。如果买卖差价是零且所有合格资产的流动性相同，那么这些合格工具在相关市场价格下将互相是完全替代品。然而，以一般可接受交易媒介进行最终结算也涉及以一般可接受交易媒介持有准备金的交易成本与机会成本。在不同的支付系统中，市场参与者通过支付系统中扩展的净额结算机制、排队机制和日间信贷来节约准备金。尽管如此，所有的结算媒介都保留了对一般可接受交易媒介的要求权，经济意义上的结算最终性只能由一般可接受交易媒介提供。

（3）如果债务工具（及其利息）在未来以更多的债务工具进行结算，这个过程将具有循环性，并对个体发行者的债务问题在边际上没有有效的约束，除非债务最终以实体资源进行结算。如果债务工具最终以外部货币赎回，那么系统就类似于扩展净额结算的一种形式。

在无中央银行货币环境下，一般可接受交易媒介将成为外部货币，只能由电子支付工具发行方以非零边际成本获得。在商品货币环境中，一般可接受交易媒介的总供给取决于其对市场参与者的边际成本。[33]如果个体交易余额在零售支付系统创新过程（如借记卡、贷记卡、现金卡和普遍的电子存款）中消失了，对最终结算媒介（和一般可接受交易媒介）的需求将只取决于银行间支付系统对结算余额的需求。

7.2.2.2 无中央银行货币环境下中央银行的可用工具

中央银行在无中央银行货币环境下实施货币政策的市场，是各自最终结算媒介即一般可接受交易媒介的市场（银行间市场或货币市场）。中央银行失去了以零边际成本发行一般可接受交易媒介的垄断地位。中央银行和其他市场参与者面临着相同的供需曲线。这会怎样影响货币政策实施工具的效力？需要考虑中央银行的交流策略——宣告操作目标利率的特定水平和以下的工具：公开市场操作、最低准备金要求、日间信贷和常备便利。

在中央银行失去以零边际成本提供最终结算媒介垄断地位的情况下，由中央银行宣告最终结算媒介相对价格的特定水平并不足以有效地控制市场利率。中央银行不能通过以零边际成本移动最终结算媒介供给曲线来向货币市场强加结构化流动性赤字。正如 Goodhart（2000）所正确指出的，在理论上中央银行与其他市场参与者一样，可以通过公开市场操作（如公开市场购买）从市场上获取大量最终结算媒介。与其他参与者一样，中央银行不得不承担相应的成本。公开市场购买量对于有效控制市场利率是必要的，导致的损失最终是个经验问题，如同为用公共资金弥补所导致的损失提供政治支持的可持续性一样。中央银行对外汇市场的干预具有类似的特点。货币危机教会我们，中央银行可获得的资金和社会公众对于弥补大额外汇干预成本的政治意愿都是无限的。证据显示，中央银行不能在外汇市场上维持固定汇率，尽管货币贬值之后常带来的显著福利损失使其在事前会做出明确承诺并具备强烈的干预动机。垄断地提供一般可接受交易媒介是通过向货币市场施加结构化流动性赤字和宣告操作目标特定水平来有效地控制货币市场的先决条件。

中央银行可以把对最终结算媒介实行的最低准备金要求占市场参与者负债的比率视为货币政策工具。总的来说，中央银行可以通过法定规则要求市场参与者持有中央银行货币形式的最低准备金[34]，从而使市场参与者对中央银行货币具有正的需求。由于这篇论文已经集中分析了无中央银行货币环境下的货币政策，笔者将不再深入讨论。此外，中央银行货币形式的最低准备金要求不足以保证中央银行货币具有一般可接受交易媒介的作用。为了确保货币政策实施的效力，最低准备金要求需要以一般可接受交易媒介来执行。任何资产的最低准备金要求使得政策制定者能够操纵金融中介的边际成本，正如政策诱发其他投入品价格变化一样。[35]与一般可接受交易媒介机会成本的变化不同，投入品价格的变化并不改变最终结算媒介（一般可接受交易媒介）对于经济中所有其他资产和商品的相对价格。一般可接受交易媒介相对价格的变化只体现在经济中其他商品名义价格的变化上，因为以记账单位计价的一般可接受交易媒介的名义价格是固定的。投入品价格的变化只影响经济中中介服务对其他资产和商品的相对价格。由于中介服务相对价格的增加和持有一般可接受交易媒介机会成本的增加对总价格水平有相似的影响，因此中介服务的名义价格只能维持不变，同时经济中所有商品价格只能进行调整。没有其他机制可以比经济中其他商品名义价格更快地调整中介服务和金融中介的名义价格。这并不是说银行信贷名义价格的增加最后完全不会影响总需求和名义价格，但是这个传导机制与基于操控持有一般可接受交易媒介机会成本的货币政策传导机制本质上并不相同。

在货币政策中，一般可接受交易媒介最低准备金要求的突出作用源于银行系统和银行负债在支付系统中的突出作用，以及银行信贷渠道在货币政策传导中的突出作用。货币政策通过货币市场得以精准实施，因为货币市场是特殊的供给市场，而不是因为它是金融中介的投入品市场之一。在分层的支付系统中，所有支付最终以一般可接受交易媒介结算，因此一般可接受交易媒介的边际机会成本变化影响着经济中所有支付的边际成本。市场中针对一般可接受交易媒介的货币政策实施也具有其他传导机制，例如沿着收益曲线和利率渠道的传导机制，因为长期负债是以一般可接受交易媒介计价的。

对完成期的平均安排有利于吸收短期流动性冲击，并平滑对最终结算媒介的需求。为了在边际上有效，最低准备金要求必须具有约束力，即超过结算余额。施加最低准备金要求的能力来源于负有监管权力的中央银行作为公共机构这一特点，与其以零边际成本发行一般可接受交易媒介的垄断地位无关。

中央银行只能以正的边际成本在 RTGS 中以低于市场利率的利率提供日间信贷。这些成本包括持有最终结算媒介形式准备金的机会成本和低于市场利率借出的成本。低于市场利率借出为市场参与者提供了套利机会，市场参与者可以从中央银行借入资金然后以更高的利率在市场中借出。垄断地提供一般可接受交易媒介是在 RTGS 中无成本地提供日间信贷的前提条件。

常备便利按照偏离市场利率的惩罚性利率提供，它是中央银行收入的潜在来源。然而，只要市场利率在惩罚性利率设定的上下限以内，市场参与者就没有动机在中央银行存款或从中央银行借款。如果市场利率的波动超过了上下限，常备便利只能由中央银行承担一定成本来提供，这为市场参与者提供了套利机会。垄断地提供一般可接受交易媒介是常备便利能够有效地为货币市场利率设定上下限的前提条件。

通过将以最终结算媒介为形式的最低准备金要求与对准备金支付或收取利息相结合，无中央银行货币环境下的货币政策是可行的。这些能力是中央银行作为立法机关赋予特定监管权力的公共机构所拥有的。[36]这些能力与中央银行具有以零边际成本垄断发行一般可接受交易媒介的地位无关。这些能力能够导致对第三方施加影响的权力的转移，例如为了实施货币政策，实施最终结算媒介的最低准备金要求的权力和规定对准备金支付或收取的利率的权力。

持有额外最终结算准备金的机会成本取决于在市场上获取额外准备金的边际成本减去最低准备金（正的或负的）边际报酬之间的差额。不考虑丧失垄断提供最终结算媒介地位的情况，中央银行可以在边际上操纵持有准备金的机会成本。不假设货币市场利率是主要的政策目标，中央银行可以把最终结算媒介的市场利率视为外生的，从而通过直接操纵对市场参与者持有最低准备金支付或收取的利率来控制流动性水平（如在边际上持有准备金的机会成本）。如同在有中央银行货币环境中通过实行最低准备金要求对金融中介隐含征税一样，针对无中央银行货币环境中的最低准备金支付收益或收取费用相当于对市场参与者的负债进行补贴或征税。

对最低准备金所收利息的增加（减少）将使维持期内平均持有的准备金存量从而最终结算媒介总需求在给定利率水平下分别向下（向上）移动。最终结算媒介总存量的供给曲线不受持有准备金的机会成本影响，因为供给曲线取决于最终结算媒介供给的边际成本（如在商品本位制下的边际生产成本）。市场上最终结算媒介的均衡价格下降（上升）。在最终结算媒介供给并非无限无弹性的情况下，均衡价格下降（上升）的幅度小于最低存款准备金的利率下降的幅度；因此，最低存款准备金存量的机会成本边际上增加（减少）。这使得流动性水平紧缩（放松）。

除了最终结算媒介的总存量以外，银行还在隔夜市场上提供日末超额准备金。超额准备金的供给如何影响总供给的边际成本？超额准备金的供求是支付系统运营时间内支付处理计划外的余量。在实现日末余额后，银行在隔夜市场上借出（无收益的）超额准备金，或者借入资金以弥补准备金赤字。由于不对超额准备金支付或收取利息，它们的供给和需求是独立于持有最低准备金的机会成本的。如果调整最终结算媒介总存量花费的时间短于维持期，套利机会保证了市场参与者没有动机花费超过最终结算媒介的边际成本进行互相借款。与有中央银行货币环境下持有准备金机会成本决定的因素类似，持有最低准备金总量的机会成本取决于总存量的边际供给成本，而不是最终结算媒介的流量的利率，因为存在对超额准备金的供求和向最低准备金收取的利息。

总的来说，中央银行能够在边际上操纵持有准备金的机会成本，但是缺乏准确性，因为停止了常备便利和日间信贷使得中央银行缺乏吸收流动性冲击和稳定货币市场利率的额外工具。中央银行失去了对最终结算媒介供给的控制，以至于供给冲击增加了无中央银行货币环境下货币政策执行的不确定性。

其他货币政策实施工具的政治经济后果

向信用机构支付或征收最低准备金利息权力的转移，也就是对信用机构的负债进行征税或补贴的权力的转移，引起了一系列政治经济问题，这些问题事关将这些权力由各自的立法机构向一个独立机构转移的合法性。

中央银行是被赋予了监管权力的公共机构（例如，在诸如货币政策的执行和支付系统的监督等领域）。作为公共机构，法律规则要求它们的能力要有像中央银行法那样明确的法律基础，例如欧洲中央银行体系和欧洲中央银行章程（1992）与联邦储备法（1913）。这些法律法规构成了欧洲中央银行和美联储包括要求第三方实施义务等行动的法律基础。为了保证执行政策的独立性和有效性，立法机构在通常情况下会授予中央银行临机处置权，同时保留立法权。

欧盟建立条约的条款 110（1）和欧洲中央银行章程的条款 34.1 授予了欧洲中央银行必要范围内的监管权，特别是在制定和实施货币政策与促进支付系统平稳运行方面。在欧盟理事会规定的限度和条件下，欧洲联盟条约的条款 110（3）和欧洲中央银行章程的条款 34.3 授予了欧洲中央银行对不遵守其法规和决定的行为实施制裁的权力。根据欧洲中央银行章程条款 35 的规定，中央银行的行为和不作为受到欧洲法院的约束。欧洲联盟条约的条款 107（6）和欧洲中央银行章程的条款 42 规定，欧盟理事会在同欧盟委员会、欧洲议会和欧洲中央银行磋商后方可通过必要的补充立法。

特别是欧洲中央银行章程的条款 19.1 授予欧洲中央银行可以要求各个成员国的信用机构在欧洲中央银行账户保持最低准备金、征收惩罚性利息以及对不遵守规定的机构予以制裁的权力。有关最低准备金额度的计算和最终决定权的章程可能由欧盟理事会制定。最低准备金的应用仅限于达到欧洲中央银行的货币政策目标。然而，欧洲中央银行章程的条款 19.2 保留了欧盟理事会（根据欧洲联盟条约的条款 106（6）的规定）在最低准备金要求的基础定义和最低准备金要求的最大允许比率上以及在不合规时进行适当制裁的立法权威，这一内容在欧盟理事会条例 NO. 2531/98 和 NO. 2532/98（1998 年 11 月 3 日）中有明确规定。欧洲中央银行条例第 2157/1999 款进一步明确了违反程序的细节。

根据欧洲联盟条约的条款 110（1）的规定，同时为了保证最低准备金规定的非歧视性，建立比欧洲联盟条约的条款 3 关于最低准备金、准备金率以及制裁措施的规定更为详细的规范，欧盟理事会条例 NO. 2531/98 第 5 款和欧盟理事会条例 NO. 2532/98 第 6 款明确赋予了欧洲中央银行监管权力。欧盟理事会条例 NO. 2531/98 第 4（1）款规定，最低准备金中负债的比例可以为 0，但不得超过 10%。根据欧洲联盟条约的条款 110（3）和欧洲理事会条例 NO. 2531/98 第 7（a）款及（b）款的规定，欧洲中央银行可以对违反其规定的行为采取以下制裁措施：对准备金不足的部分征收超过欧洲中央银行规定的贷款利率 5% 或者两倍的罚息，或者可能要求相关机构在欧洲中央银行账户上持有3倍于准备金不足部分的无息存款。欧盟理事会条例 No. 2531/98 第（5）款明确指出，欧洲中央银行必须具备灵活性，以应对新的支付技术（例如电子货币）。欧盟理事会条例 No. 2531/98 第（6）款限制了欧洲中央银行实施有关追求欧洲中央银行体系政策目标规定的灵活性，这在欧洲中央银行章程的条款2中有所规定，同时也是本着不会导致金融系统脱位或脱媒的原则。同样的，欧洲理事会条例 NO. 2532/98 第（5）款强调，为了提供一种有效的制裁管理制度，欧洲中央银行必须在相关法规一定范围和条件内拥有一定的临机处置权。

基于赋予它的监管临机处置权，欧洲中央银行对欧洲中央银行章程 No. 1745/2003 里最低准备金要求应用过程的细节作了说明。条款2规定信用机构及其分支机构等金融机构必须根据相关规定（2000/12/EC）遵守最低准备金要求。条款3规定，准备金基础由存款和已发行债券构成，除非债权人为其他遵守准备金要求的机构或者欧洲中央银行或者本国中央银行。适用的准备金率在第4款中规定为，对于所有的存款、两年以上的债务工具、回购协议以及两年以上的通知存款为0%，纳入准备金基础的所有其他负债为2%。第6款规定，金融机构必须在本国中央银行的账户中持有最低准备金，且准备金以欧元计价。第8款规定了准备金的报酬。

美国国会向美联储转交了许多领域的监管权力（其中包括管理和实施货币政策，以及对更大范围的金融机构的监管权），也已经形成了类似的制度框架。美联储颁布了从A章（联邦储备银行提供信用展期）到EE章（可净额结算的金融机构）的联邦储备法。美国宪法赋予了美国国会铸币和设定其价值的权力，1913年的联邦储备法将这一权力委托给了美国联邦储备系统。因此，美联储受到美国国会的监督。

联邦储备法的第19部分第2段第（A）和（B）款规定，存款机构必须遵守最低法定准备金的要求，也就是说，其交易账户和非个人定期存款要遵守这一规定。联邦储备法授权联邦储备委员会定义这部分的术语，制定必要的规则以完成第19部分的目标，确定该法规定的广义范围内的精确的法定准备金率。第 2 段第（A）（i）款规定，存款机构 2 500 万美元及以下的账户准备金比率为 3%。[37] 在第 2 段第（A）（ii）款中，联邦储备法赋予联邦储备委员会对于存款机构超过 2 500 万美元的账户适用准备金率的部分临机处置权。联邦储备委员会可以规定 8% ~14% 的法定准备金比率。第（B）款授权联邦储备委员会规定非个人定期存款遵守最低准备金要求。适用的准备金率在 0% ~9%。监管当局要求交易账户和非个人定期存款遵守最低准备金的规定仅限于实施货币政策目标。[38]

第（4）段规定，如果增加的准备金水平对实施货币政策至关重要，那么联邦储备委员会可以对存款机构征收不超过 4% 的补充准备金。补充准备金是有报酬的，存放在收益参与账户中。联邦储备委员会有权向补充准备金支付不超过上一季度联邦储备系统中证券组合收益率的报酬。第（c）（1）款包括关于账户余额的条例，但并未规定准备金必须以美元计价。第（1）（9）款授权联邦储备委员会出台相关规定，建立起对存款机构违反第 19 部分的任何行为征收民事罚款的必要程序。

关于法定准备金的详细规定载于联邦政府管理条例第 2 章（联邦储备系统）第 204 部分（存款机构的法定准备金——联邦储备条例 D）。第 204.1（c）款规定，存款机构必须遵守最低准备金的要求。第 204.7（a）款授权联邦储备委员会以每年高于基础信贷利率 1% 的幅度向准备金要求的不足部分收取费用。第 204.9 款规定了适用于信用机构不同类别负债的精确的法定准备金率。净交易额在 660 万美元至 4 540 万美元的账户，适用的法定准备金率为 3%。净交易额超过 4 540 万美元的账户，法定准备金为超过 4 540 万美元部分的 10% 加上 116.4 万美元。其他类别负债的法定准备金率为 0。在特殊情况下，联邦储备委员会可以强制执行最高长达 180 天的应急准备金要求，之后的每一次展期必须获得委员会中至少 5 名成员的同意（第 204.5 款），也可以征收长达 1 年的补充保证金以提高实施货币政策所必需的维持保证金的量，之后联邦储备委员会必须重新审视和确定延期的必要性（第 204.6 款）。在这两种情况下，送交美国国会的报告必须及时地说明征收额外准备金的原因。目前，法定准备金的征收都是有法可依的。法定准备金是无偿的，但是联邦储备委员会对服务相关的余额支付报酬。

关于当前欧洲中央银行制度框架的分析说明，欧盟理事会和欧洲议会已经将许多监管权力授予了欧洲中央银行，但是这些权力受制于欧洲法院以及欧盟理事会和欧洲议会的立法权。特别是欧洲中央银行能征收最低法定准备金并给予一定的报酬。这一制度框架给欧洲中央银行提供了可操作的灵活性和选择权。政治经济学反对授予中央银行对市场参与者征收最低法定准备金、支付报酬或者在不存在中央银行货币的环境中征收利息的权力的做法，也反对将它们应用到当前的制度框架中。

事实上，当前的法律框架几乎不需要调整就能在不存在中央银行货币的环境下针对货币政策实施管理进行修改。欧洲中央银行可以决定持有的最低准备金以欧元计价。这项规定只存在于相关的欧洲中央银行管理条例中，在相关的欧盟理事会管理条例和欧洲中央银行章程中都没有体现。这一法律框架必须至少与对最低准备金征收利息以及支付报酬的权力相适应。这一适应并不是根本上的，因为现有框架已经允许以持有准备金要求的机会成本为形式向遵守最低准备金要求的机构强加金融债务。

类似地，美联储法案将监管权力赋予了联邦储备委员会。尽管该法案提供了比欧洲中央银行章程更多的关于征收最低准备金的细节，但美联储在征收和管理最低准备金方面享有更多的临机处置权。美联储法案和联邦储备条例 D 都没有要求最低准备金以美元计价。

7.3 总结

许多为无中央银行货币环境提出货币政策建议的论文最后都假设中央银行维持了对一般可接受交易媒介和最终结算媒介供给的垄断地位，以仔细观察这一货币体系隐含的制度结构。遗憾的是，他们并没有明确提出制度结构，例如，对货币市场、一般可接受交易媒介和最终结算媒介的存在性都鲜有详细的讨论。因此，他们的模型并不完整而且前后矛盾。货币政策的效果主要从中央银行货币需求的角度来讨论。这些论文也很少合理考虑一般可接受交易媒介、记账单位和最终结算媒介的作用以及中央银行零边际成本的垄断供给权。中央银行的监管权力基本上被忽视了。

与之相反，本文基于同时也作为最终结算媒介的一般可接受交易媒介，在一个没有中央银行货币的环境下提出了货币政策的概念化。中央银行可以通过征收基于最终结算媒介的准备金要求以及对其支付或收取利息来实施货币政策。这些工具是独立于中央银行以零边际成本供给一般可接受交易媒介的垄断权力的。较小的政策工具集，尤其是失去对最终结算媒介总供给的控制，会损害中央银行遏制目标利率的波动的权力。这一制度框架的政治经济目标也被应用于向中央银行转交监管权和足够临机处置权的现行实践中。事实上，欧洲中央银行和美联储的现行法律框架几乎都不需要调整。它们已经授予了中央银行必要的监管权威，以便其在无中央银行货币环境下所提出的实施工具基础上制定和实施货币政策。

参考文献

Allen, W. A. (2002) "Bank of England Open Market Operations: The Introduction of a Deposit Facility for Counterparties", BIS Papers No. 12, Basel: Bank for International Settlement.

Arnone, M. and Bandiera, L. (2004) "Monetary Policy, Monetary Areas, and Financial Development with Electronic Money", IMF Working Paper, WP/04/122, Washington, D. C..

Bartolini, L. and Prati, A. (2003) "The Execution of Monetary Policy: A Tale of Two Central Banks", Federal Reserve Bank of New York Staff Report No. 165, New York.

Berentsen, A. (1998) "Monetary Policy Implications of Digital Money", *Kyklos*, 51: 89 - 117.

Bierut, B. K. (2002) "On the Optimal Frequency of the Central Bank's

Operations in the Reserve Market", Tinbergen Institute Working Paper, Rotterdam.

Bindseil, U. (2000) "Towards a Theory of Central Bank Liquidity Management", *Kredit und Kapital*, 3: 346 – 76.

Bindseil, U. (2004) *Monetary Policy Implementation: Theory, Past, Present*, Oxford: Oxford University Press.

Bindseil, U., Camba – Mendez, G., Hirsch, A. and Weller, B. (2003) "Excess Reserves and the ECB's Implementation of Monetary Policy", mimeo ECB, Frankfurt/Main.

Bordo, M. D., Jonung, L. and Siklos, P. L. (1997) "Institutional Change and the Velocity of Money: A Century of Evidence", *Economic Inquiry*, 35: 710 – 25.

Borio, C. E. V. (1997) "The Implementation of Monetary Policy in Industrialized Countries: A Survey", Economic Paper No. 187, Basel: Bank for International Settlement.

Borio, C. E. V. (2001) "Comparing Monetary Policy Operating Procedures Across the United States, Japan and the Euro Area", BIS Papers No. 9, Basel: Bank for International Settlement.

Buiter, W. H. (2004) "A Small Corner of Intertemporal Public Finance – New Developments in Monetary Economics: Two Ghosts, Two Eccentricities, a Fallacy, a Mirage and a Mythos", NBER Working Paper 10524, Cambridge.

Centi, J. P. and Bougi, G. (2003) "The Possible Economic Consequences of Electronic Money", in J. Birner and P. Garrouste (eds) *Austrian Perspectives on the New Economy*, London: Routledge, 259 – 81.

CPSS – Committee on Payment and Settlement Systems (2003) *The Role of Central Bank Money in Payment Systems*, Basel: Bank for International Settlements.

Costa Storti C. and De Grauwe, P. (2003) "Monetary Policy in a Cashless Society", in M. Balling, F. Lierman, and A. Mullineux (eds) *Technology and Finance, Challenges for Financial Markets, Business Strategies and Policy Makers*, London: Routledge, 241 – 60.

ECB (2004) *The Implementation of Monetary Policy in the Euro Area*, Frankfurt/Main: European Central Bank.

European Union (1992) "Treaty Establishing the European Union", *Official Journal of the European Communities* C 191, Brussels.

European Union (1992) "Protocol on the Statute of the European System of Central Banks and the European Central Bank" (annexed to the Treaty establishing the European Union), *Official Journal of the European Communities* C 191, Brussels.

Edwards, C. L. (1997) "Open Market Operations in the 1990s", *Federal Reserve Bulletin*, 859 – 74.

Ewerhart, C. (2002) "A Model of the Eurosystem's Operational Framework for Monetary Policy Implementation", European Central Bank Working Paper no. 84, Frankfurt/Main.

Ewerhart, C., Cassola, N., Ejerskov, S. and Valla, N. (2003), "The Euro Money Market: Stylized Facts and Open Questions", mimeo European Central Bank, Frankfurt/Main.

Freedman, C. (2000) "Monetary Policy Implementation: Past, Present, and Future – Will the Advent of Electronic Money Lead to the Demise of Central Banking?" *International Finance*, 3: 211 – 27.

Freixas, X., Holthausen, C., Terol, I. and Thygessen, C. (2001) "Settlement in Commercial Bank Money versus Central Bank Money", paper presented at the SUERF Meeting, 25 – 27 October, Brussels.

Friedman, B. (1999) "The Future of Monetary Policy: The Central Bank as an Army with Only a Signaling Corps?" *International Finance*, 2: 321 – 38.

Friedman, B. (2000) "Decoupling at the Margin: The Threat to Monetary Policy from the Electronic Revolution in Banking", *International Finance*, 3: 261-72.

Goodfriend, M. (2002) "Interest on Reserves and Monetary Policy", *Federal Reserve Bank of New York Economic Policy Review*, 8: 1-8.

Goodhart, C. A. E. (1989) *Money, Information, and Uncertainty*, London: Macmillan.

Goodhart, C. A. E. (2000) "Can Central Banking Survive the IT Revolution", *International Finance*, 3: 189-209.

Guthrie, G. and Wright, J. (2000) "Open Mouth Operations", *Journal of Monetary Economics*, 46: 489-516.

Heller, D. and Lengwiler, Y. (2003) "Payment Obligations, Reserve Requirements, and the Demand for Central Bank Balances", *Journal of Monetary Economics*, 50: 419-32.

Henckel, T., Ize, A. and Kovanen, A. (1999) "Central Banking without Central Bank Money", IMF Working Paper WP/99/92, Washington, D. C..

Ho, T. and Saunders, A. (1985) "A Micro Model of the Federal Funds Market", *Journal of Finance*, 40: 977-90.

King, M. (1999) "Challenges for Monetary Policy: Old and New", paper prepared for the Symposium on "New Challenges for Monetary Policy", 27 August, sponsored by the Federal Reserve Bank of Kansas City at Jackson Hole, Wyoming.

Kobrin, S. J. (1997) "Electronic Cash and the End of National Markets", *Foreign Policy*, 107: 65-77.

Kroszner, R. S. (2001) "Currency Competition in the Digital Age", paper prepared for "The Origins and Evolution of Central Banking", 21-22 May, Federal Reserve Bank, Cleveland.

Krüger, M. (1999) "Towards a Moneyless World?" University of Durham, Department of Economics & Finance Working Paper No. 9916, Durham.

Lahdenperä, H. (2001) "Payment and Financial Innovation, Reserve Demand and Implementation of Monetary Policy", Bank of Finland Discussion Paper 26/2001, Helsinki.

Matonis, J. W. (1995) "Digital Cash and Monetary Freedom", paper presented at INET 95, 26 – 30 June, Honolulu, Hawaii.

Palley, T. I. (2002) "The E – Money Revolution: Challenges and Implications for Monetary Policy", *Journal of Post Keynesian Economics*, 24: 217 – 33.

Rich, G. (2000) "Monetary Policy without Central Bank Money: A Swiss Perspective", *International Finance*, 3: 439 – 69.

Schmitz, S. W. (2002a) "Carl Menger's 'Money' and the Current Neoclassical Models of Money", in M. Latzer and S. W. Schmitz (eds) *Carl Menger and the Evolution of Payments Systems: From Barter to Electronic Money*, Cheltenham: Edward Elgar, 111 – 32.

Schmitz, S. W. (2002b) "The Institutional Character of Electronic Money Schemes", in M. Latzer and S. W. Schmitz (eds) *Carl Menger and the Evolution of Payments Systems: From Barter to Electronic Money*, Cheltenham: Edward Elgar, 159 – 83.

Sellon, G. H. and Weiner, S. E. (1997) "Monetary Policy without Reserve Requirements: Case Studies and Options for the United States", *Federal Reserve Bank of Kansas City Economic Review* (Second Quarter): 6 – 30.

Selgin, G. A. and White, L. H. (1987) "The Evolution of a Free Banking System", *Economic Inquiry*, 25: 439 – 57.

Selgin, G. A. and White, L. H. (2002) "Mengerian Perspectives on the Future of Money" in M. Latzer and S. W Schmitz (eds) *Carl Menger and the Evolution of Payments Systems: From Barter to Electronic Money*, Cheltenham: Edward Elgar, 133 – 58.

Stix, H. (2002) "Die Auswirkungen von elektronischem Geld auf die Geldpolitik", *Wirtschaftspolitische Blätter*, 49: 110 – 19.

Taub, B. (1985) "Private Fiat Money with Many Suppliers", *Journal Monetary Economics*, 16: 195 – 208.

Thornton, D. L. (2000) "The Relationship between the Federal Funds Rate and the Fed's Federal Funds Rate Target: Is it Open Market or Open Mouth Operations?" Federal Reserve Bank of St. Louis Working Paper, St. Louis.

Wetherilt, A. V. (2002) "Money market operations and volatility in UK money market rates", *Bank of England Quarterly Bulletin* (Winter): 420 – 29.

White, L. H. (1984) "Competitive Payments Systems and the Unit of Account", *American Economic Review*, 74: 699 – 712.

White, L. H. (1999) *The Theory of Monetary Institutions*, Oxford: Blackwell Publishers.

Whitesell, W. (2003) "Tunnels and Reserves in Monetary Policy Implementation", mimeo Board of Governors Federal Reserve System, Washington, D. C..

Woodford, M. (1998) "Doing without Money: Controlling Inflation in a Poor – monetary World", *Review of Economic Dynamics*, 1: 173 – 219.

Woodford, M. (2000) "Monetary Policy in a World without Money", *International Finance*, 3: 229 – 60.

Woodford, M. (2001) "Monetary Policy in the Information Economy", paper prepared for the symposium on "Economic Policy for the Information Economy", August 30 – September 1, Federal Reserve Bank of Kansas City, Jackson Hole, Wyoming.

Woodford, M. (2002) "Financial Markets Efficiency and the Effectiveness of Monetary Policy", *Federal Reserve Bank of New York Economic Policy Review*, 85 – 94.

注释

1 我很感激本论文的讨论者 Angelo Baglioni 以及奥地利科学院项目讨论会参与者们

所提出的建议和评论。

2 CPSS（2003，7）。

3 例如金本位制下的中央银行。

4 尤其是 O'Hara（1997）。

5 20 世纪 70 年代，奥地利中央银行（OeNB）用基本一样的方式垄断了奥地利先令与德国马克外汇交易市场的做市。其提供了更低的买卖价格并将商业银行赶出了市场。

6 显然，外汇市场的干预和潜在的货币危机是并存的。

7 如果对中央银行货币的需求为正，那么其就可以尝试稳定其自身货币的价格水平。

8 带抛补利率平价假设存在某种形式的电子货币期权和期货市场。

9 Freedman（2000）讨论了扩展清算安排的优势。

10 Sellon 和 Weiner（1997）与 Woodford（2000）。

11 注释已删除。

12 另外，可参见 Schmitz（2002b）关于一般可接受交易媒介的记账单位职能以及价格形成的分析。

13 超额准备金在欧元区货币政策实施中的作用，参见 Bindseil 等（2003）；欧元区、英国以及美国的货币政策实施框架，分别参见 ECB（2004）、Wetherilt（2002）和 Edwards（1997）。

14 有关欧洲中央银行、美联储以及英格兰银行公开市场操作的细节，分别参见 ECB（2004）、Bartolini 和 Prati（2003）以及 Allen（2002）。

15 实际上，日间信贷并不是货币政策实施的一个工具。在当前的讨论中我总结认为其形成了更广泛政策实施框架的一个重要特征。

16 Freedman（2000）。

17 Schmitz（2002b）论证了对发行者和客户来说，零售支付系统中的支付工具以一般可接受交易媒介计价要优于以其他记账单位计价。

18 Friedman（1999）和 Thornton（2000）。

19 最低准备金要求在决定赤字规模的过程中发挥着重要作用，但它并不是其存在的一个必要前提条件，这在新西兰的货币政策实施框架中有所体现。有关新西兰制度框架运行特点参见 Woodford（2001）、Sellon 和 Weiner（1997）。Whitesell（2003）认为，即使货币政策实施在无准备金要求时仍然能起作用，金融体系仍然会受益于准备金的要求加入。

20 欧元区主要再融资操作的期限为一周，英国则为两周。

21 如果参与银行预期需求会低于 $\Delta R^{S\max}$，则各自的报价利率为 $r^{OMO_{\min}}$。

22 Ewerhart 等（2003）提供证据证明，在维持期将近结束时，欧元区货币市场利率和波动率都有所上升（美国的情况参见 Woodford（2001，30））。

23 虽然制度结构对于支付系统参与者的决策是外生的，但随着支付系统参与者边际成本的增加，支付流的同步性在中期一定程度上也有可能增加，例如将借方和贷方的支付指令集中在同一时间。即使有这样的安排，在参与者流动性准备的决策中，支付指令由银行客户发起这一外生因素仍然起着重要作用。

24 Borio（2001）。

25 在欧元区，日末未偿还的日间信贷被视为借贷便利提供的信用。

26 关于银行准备金管理模型的研究文献参见 Ewerhart 等（2003）。

27 Ho 和 Saunders（1985）。

28 常备便利是在“通道”方法下货币政策实施的主要工具。r^{DF} 和 r^{LF} 之间的价差非常小。

29 也可参见 Selgin 和 White（2002）。

30 尽管在扩展的净额系统中，私人清算结算机构允许将延长结算和债务工具交易（通常是高流动性的政府债券）作为净额支付系统的抵押品以节约准备金，但最终结算还是通过一般可接受交易媒介完成。

31 尤其是 Centi 和 Bougi（2003）、Costa Storti 和 De Grauwe（2003）以及 King（1999）。相关讨论参见本书第 5 章。

32 White（1984）。

33 White（1999）证明了为什么私人发行不可兑换货币是不可行的。例如，有许多商品货币符合一般可接受交易媒介的条件。

34 参见 Henckel、Ize 和 Kovanen（1999），Costa Storti 和 De Grauwe（2003），Palley（2002），以及 Arnone 和 Bandiera（2004）。在本章的讨论中，Angelo Baglioni 和 Dimitrios Tsomocos 也提出了类似的建议。

35 政策导致金融中介投入价格变化的例子包括资本充足率要求和信贷合同费的变化（发生在奥地利）。

36 Buiter（2004）承认，中央银行基于其独特的垄断地位可以合法地使用强制手段征税和监管。他推测，由于国家总是比私人更有信誉，因此中央银行货币不会完全消失。

37 按照第 2（A）（i）款的规定，联邦储备理事会每年都按照所有存款机构交易账户总额的增长速度提高金额。美联储法案规定，交易账户总额和金额增长的计算方法适用于第 2（A）（i）款。

38 在 1914 年以前，除了银行债务的隐性税收外，该法案还包括银行债务显性税收的内容。法案第 27 款规定，国家银行流通纸币这部分的税收不会受美国国债的担保。在前三个月，根据其每年流通纸币的平均值，年税率为 3%，此后每个月，税率以每年 0.5% 的速度逐月递增，直至年税率达到 6%。

8. 银行间结算系统的组织：当前的趋势和对中央银行体制的影响

Angelo Baglioni[1]

银行间结算系统每天处理的货币交易金额惊人：例如，美国主要的两大结算系统——Fedwire 和 CHIPS——每天处理的支付流量相当于美国一年 GDP 的28%（见表 8.1），表 8.1 也展示了欧洲的相关数据[2]。支付系统流量的快速增长（特别是通过处理由金融交易所产生的大额支付的系统）也引发了一些相关的经济问题。一开始，这些经济问题可能是由交易中的结算风险和流动性成本引起的。银行流动性不足（或无力偿付）会存在溢出效应，通过银行间的要求权网络影响其他机构，从而可能产生系统性危机。为了最小化系统性风险，中央银行一直在积极地促进结算系统的安全。但另一方面，这一积极行为经常会提高流动性管理的成本，并导致更高的金融中介成本。

表 8.1　　银行间结算系统：日交易量和交易额

	交易量（a）（支付笔数）	交易额（b）（十亿美元）	交易额/年名义 GDP*（%）	每笔金额：（b）/（a）（百万美元）
TARGET	253 016	1 467.6	17.0	5.8
BI - REL	37 696	93.2	7.9	2.5
RTGS^{plus}	125 070	462.8	23.3	3.7
TBF	14 958	336.9	23.5	22.5
EURO1	134 905	177.8	2.1	1.3
PNS	29 686	73.8	5.1	2.5
Fedwire	458 084	1 616.6	15.6	3.5
CHIPS	252 183	1 257.8	12.1	5.0

注：数据为2002 年的平均值（数据来源：ECB，Fed，CHIPS^{CO}和 OECD）。* TARGET 和 Euro1：GDP 为欧盟 15 国的 GDP；其他系统：本国 GDP。

当前，银行间结算系统的组织正在发生着一些主要变化，变成所谓的混合系统。混合系统同时涵盖了传统的“净额”系统（银行只需要在日终支付其往账支付和来账支付的差额）和“全额”系统（支付指令按照顺序逐个实时结算）的一些特征。这一演变似乎非常有希望，它可能会改变前文所述的交易风险和流动性成本。这一演变也使得经济学家用于分析支付系统的理论框架面临挑战，该理论框架依赖于这样的权衡[3]：传统的理论观点主要假设，从结算风险来说，任何流动性节约的增加都是有成本的（反之亦然）；恰恰相反，笔者认为，最新的技术进步表明流动性节约的增加也可能不会同时增加风险（反之亦然）。

结算系统也导致了另一个问题，即日间流动性管理问题。就何时何地提交其支付指令而言，银行必须在系统运行日内最优化其流动性管理。特别地，支付指令的时间安排源于银行间有趣的策略交互问题。经济学理论刚刚开始注意到这些问题[4]。

日间流动性管理严格以每天为基础进行流动性管理。因此，对于银行准备金的需求很大程度上受到支付流的量及其波动性的影响，同时也会受到支付系统组织安排的影响。这些因素可能改变货币市场的均衡状态（特别是隔夜货币市场）。因此，支付结算成为与货币政策实施相关的问题：在货币供给管理上，中央银行对支付系统遭受的任何冲击加以考虑并进行可能的预测，以将短期利率控制在其目标水平上。

本文的组织安排如下。第 8. 1 节简要描述 20 世纪 90 年代全额和净额结算系统的融合。第 8. 2 节分析作为银行间协调问题的日间流动性管理，突出中央银行在其中所起的作用。第 8. 3 节展示混合系统这一当前趋势是怎样为更有效率的支付管理奠定基础的。第 8. 4 节从分析中央银行货币需求是如何可能受到结算系统演进的影响入手，提出对货币政策实施的一些影响。第 8. 5 节总结本研究的主要观点。

8. 1 风险和流动性的抉择：20 世纪 90 年代的演进

一般而言，选择实时全额结算系统（RTGS）还是多边净额结算系统

(MNS) 都存在一种清楚的权衡：从流动性的角度来说，前者更安全，但是成本更高（见图 8.1）。这两种系统的基本特征众所周知。在一个 MNS 系统中，银行通常只需要结算其在特定时间内（通常是一天）累积的支付余额：在交易日结束时，每个银行都必须支付（或收到）当日累积的对所有其他银行的来账/往账支付净头寸金额。相反，在 RTGS 系统中，每笔支付都被逐一实时结算。

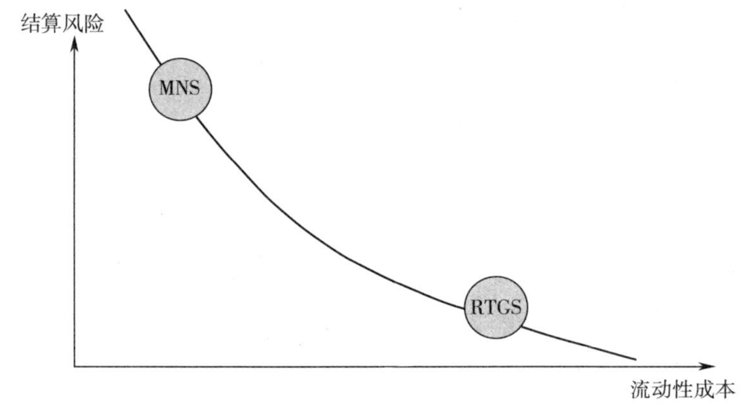

图 8.1　风险和流动性之间的权衡

但是，在 20 世纪 90 年代，支付系统的实际结构发生了本质变化。在支付结算体系委员会（CPSS）[5] 的推动下，通过例如抵押品要求和最高借记限额，MNS 系统的安全性得到了显著提高。一方面，这些变化通常提高了 MNS 系统的流动性成本：抵押品要求使得银行必须在清算所存入一定的现金余额；最高借记限额为净额机制设定了限制（受到最高借记限额限制的银行必须在发送下一笔支付前等待来账支付）。另一方面，中央银行试图通过多种方式降低 RTGS 系统中的流动性成本，例如通过日间信贷和排队机制。因此，结算系统的演进表明，随着风险和流动性的抉择，MNS 系统和 RTGS 系统之间存在融合的趋势。

经验证据表明，随着上述演进的进行，其他因素（来自风险和流动性的不同考量）可能对银行在不同结算系统间的选择来说也变得重要。例如，Baglioni 和 Hamaui（2003）发现，TARGET 和 Euro 1 的成本结构影响着两个系统间银行的选择；另一个相关因素是支付的性质（商业支付还是金融支付）。更具体地说，Euro 1 高固定成本和低边际成本的成本结构使得它似乎更受那些有着巨额支付量的大银行的青睐，而以可变成本为主的 TARGET 更受小银行的欢迎。

8.2 日间流动性：中央银行政策与银行间协调

支付的结算需要流动性的日间管理。一般来说，也可以考虑一个日间流动性市场，使银行能够在短期内（而不是隔夜）交换资金。但是，由于中央银行提供大量低成本日间信贷，这一市场不太可能出现。这一政策有一个基本的理由：引导银行将大额支付提交至更安全的 RTGS 系统。众所周知，在欧元区 ESCB 所提供的日间透支是免费的而且是无限制的，尽管需要有抵押品[6]。相反，在美联储所提供的日间信贷便利是有限制（上限）和明确费用的（即使很低）[7]，但是并未要求提供任何抵押品。

通过同时发送支付指令，日间流动性的成本可以进一步降低。假设一个银行通过 RTGS 系统发送了一笔支付，同时它收到了另一笔支付：两笔支付唯一的不同是它们分别被记入该银行在中央银行开立的结算账户的借方（或贷方）；换句话说，收到的支付会被用于对外支付。当很多银行都能够相互协调，并且在很短的时间间隔内发送支付指令时，它们将从支付的同步性中获益，减少中央银行日间信贷的使用。这一机制可以显著地减少日间流动性的成本，它在许多国家已经实施。例如，在 Fedwire 中，大多数支付指令集中在日末，这使得银行 40% 的对外支付能够通过来账资金完成[8]；在意大利，大部分支付集中在早上，这也使得银行大部分的对外支付通过来账资金完成。

对于银行来说，支付指令的时间安排与信息的可获得性也有关系。在每一个时点，当前支付系统中的总体状况对于银行财务部门来说是有价值的信息，使银行能估计其在中央银行结算账户的日末余额。现在，如果支付指令集中在日初，那么每个银行可获得的信息都会改善，因为在既定的时间内其大部分日间支付流都能被观测到；反之，如果支付都被推迟至日末，也会如此。因此，银行在日初就支付指令同步性上是有明显集体利益的。

遗憾的是，延迟支付往往会让银行获得个体利益。如果一个银行立刻发送支付，支付没有同步，那么它将承受全部的流动性成本。相反，如果它等待来账资金用于对外支付，它就可以将流动性的负担转嫁给其他银行。这就导致了银行间的协调问题，类似于经典的“囚徒困境”博弈。银行延迟支付并受制于信息的减少，最终博弈的结果可能非常无效率。

一个简单的例子可以帮助说明这个问题。假设有两个银行（i,j）：它们都通过 RTGS 系统向对方发送支付；为了简单起见，假设两笔支付的金额是一样的。在 t_1 时刻，每个银行都在立刻发送支付和延迟支付至随后的 t_2 之间进行选择。如果两笔支付同步，对于两个银行来说，隐性的流动性成本为 0。如果支付指令没有同步，某个银行率先发送了支付指令，那么对方将根据来账资金的信息获得 I 的收益：这使得它能够更好地估计支付系统的总体状况。表 8.2 展示了两个银行的收益矩阵（收益 i,收益 j），作为每个银行策略选择的结果，两种策略分别用 t_1（不延迟）和 t_2（延迟）表示。

表 8.2　　日间流动性博弈

		银行 j	
		t_1	t_2
银行 i	t_1	I,I	$-C,I$
	t_2	$I,-C$	0，0

显然，策略 t_2 是占优策略，唯一的占优策略纳什均衡是（t_2,t_2）。很明显，这一均衡是无效率的，因为与另一均衡（t_1,t_1）相比，它具有帕累托劣势：如果两个银行都将其支付同步至 t_1，它们都将获得收益 I；遗憾的是，这不是非合作博弈的自然结果。

此时，中央银行的协调就变得非常重要：通过设计系统规则，中央银行有办法引导银行将其支付指令同步在日初。在英国，CHAPS 的规则要求银行在日中前发送其一半的支付（金额上），在下午 2：30 之前发送 75% 的支付。在瑞士，SIC 系统会对延迟支付征收罚款。我不清楚其他的结算系统（例如 Fedwire、CHIPS 和 TARGET）当前是否采用了这类规则；因此，这一领域在未来仍有发展余地。

8.3 当前趋势：混合系统

正如我们在第 8.1 节所看到的，MBS 和 RTGS 系统在 20 世纪 90 年代已沿着风险和流动性的权衡曲线而相互融合。由于所谓混合系统的创新（试图融合全额和净额结算的特点），当前呈现出两种系统进一步融合的趋势。这一机制可以被定义为“实时净额结算”（RTNS）：支付指令尽快排队和结算，以便在日间实施非常频繁的净额结算过程。

尽管用于实施 RTNS 方法的这些算法在技术上很复杂，但其思想一般而言很简单：最大化支付指令的同步性。用这样的方式，可以达到两个目标。第一，节约流动性：正如我们在之前章节看到的，支付信息的同步性使得银行能够只结算支付的余额。第二，降低风险：不像传统 MNS 那样支付被延迟到日末，这种支付方式下轧差发生非常频繁，结算延迟被降到最低，银行受益于来账支付的即时最终性。因此，RTNS 似乎能够改善风险和流动性的权衡（见图 8.2）。

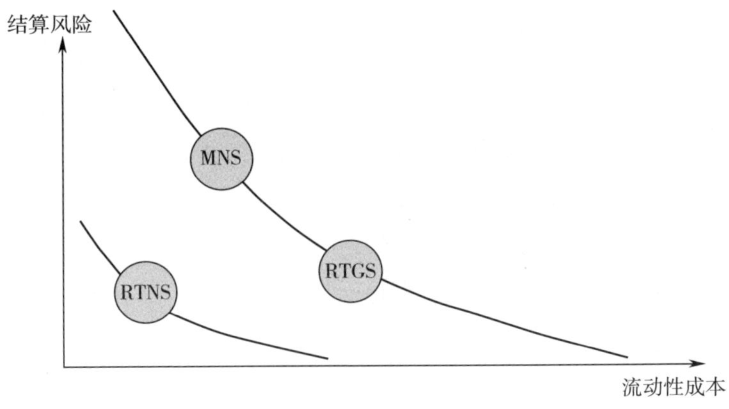

图 8.2 当前趋势：混合系统

混合系统的例子如下：

- CHIPS：在交易日日初，每个参与者都在其 CHIPS 账户中存入一定金额的资金（“预存款”）：通过借记/贷记这个账户来实现支付的结算（账户余额在日末重置为 0）。系统通过连续轧差过程（既有双边轧差，又有多边轧差）来管理队列。
- PNS：队列管理过程类似于 CHIPS 所使用的（预存款和连续轧差，既有双边轧差，又有多边轧差）。
- 强化的 RTGS（RTGS - plus）：银行可以对用于实时结算的流动性设定限制：一旦达到这一限制，支付就被排队，并且只能在 PVP（payment versus payment，同步支付）的基础上（通过对方向相反的支付指令进行同步和轧差）被清算。每个银行保留发送“快速”支付的选择权，一旦发送“快速”支付，银行就能立刻使用所有可用的流动性。这一机制允许银行控制结算过程中收到的流动性，因此相较于传统的 RTGS 系统，这一系统能够节约流动性。
- 新 BI - Rel：类似于强化的 RTGS，银行可以设定优先权：一定量的流动性（在日间可能改变）用于快速支付的结算。队列中的支付指令会被同步，并通过双边轧差结算。

此外，还有 CLS（Continuous Linked Settlement，持续连接结算系统）。尽管和上述系统有一些差异，但同步性原则在这一系统中也是适用的。CLS 专门用于外汇交易的结算，采用 PVP 原则。例如，考虑美元/欧元的外汇交易：一方的交易（例如欧元支付）只有在另一方（美元支付）同时能够被结算时才会被结算，因此这减少了两笔支付的结算延迟（正是结算延迟产生了交易对手风险，即所谓赫斯塔特风险）。参与者受益于每种货币相反方向支付的补偿：这一轧差机制提供了一种节约流动性的方法[9]。

8.4 对货币政策实施的影响

至此，我们可以得出一些上述趋势对货币政策实施的影响。假设货币政策是通过控制超短期货币市场利率如隔夜利率来实施的，这通常是运行目标，通过管理适当的中央银行货币供给来实现。同时，我们假设不存在最低准备金要求（MRR）。

银行准备金需求可定义为银行在中央银行持有的结算账户日末余额的意愿水平。银行的目标是使其日末余额为正：这是因为支付波动会产生使日末余额为负的风险，从而招致惩罚——例如以高于市场利率的价格从中央银行借款。用 $\overline{R}$ 表示银行准备金的审慎水平。银行准备金需求（R^D）是由这一预防性需求和在中央银行结算账户闲置余额的机会成本之间的权衡所决定的，即（隔夜）同业市场利率（i）。正式地，代表性银行将最小化如下损失函数（L_1）：

$$\min_{R^D} L_1 = \frac{1}{2}(R^D - \overline{R})^2 + \alpha R^{D_i}$$

其中，第一项是准备金水平偏离其目标程度的（二次）函数，第二项是准备金的机会成本；α 是第二个目标的（相对）[10]权重。一阶条件导致如下需求等式：

$$R^D = \overline{R} - \alpha \cdot i$$

通过估计银行准备金的每日总需求，并控制其供给水平（R^s），中央银行可以将货币市场利率设定在意愿水平，即 i^*（见图 8.3）。

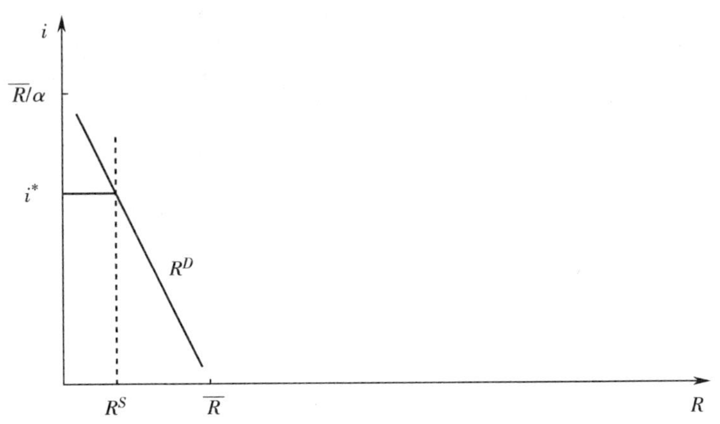

图 8.3　对中央银行货币正需求下的货币市场均衡

结算系统的演进如何影响银行准备金需求呢？通过观察，可以得出每个银行（例如银行 i ）结算账户余额的日末意愿水平：

$$R_i^D = MB_i + INT_i$$

其中，MB_i 是其在结算系统中的日末多边余额（来账支付总额减去往账支付总额），INT_i 是其在同业（隔夜）市场上的每日资金需求（借款净额）。

将整个银行系统的上述等式加总（ i 从 1 到 N ，后者为银行总数），且由定义有 $\sum_{i=1}^{N} MB_i = 0$ ，可以得银行准备金总需求如下：

$$R^D = \sum_{i=1}^{N} R_i^D = \sum_{i=1}^{N} INT_i$$

那么，正的 R^D 相当于对银行间市场资金的总净需求。银行系统整体的净借入头寸必须通过正的中央银行货币供给来满足：这就是理解中央银行如何控制货币市场利率的另一种方法。

正如之前所说，银行之所以有中央银行结算账户日末余额为正的目标（$R_i^D > 0$，等价于对中央银行货币需求为正），根本原因是来账和往账支付流的不确定性，这是日末余额为负的风险来源。消除这一不确定性将会导致结算账户余额为 0 的目标：银行将能够通过同业市场的头寸完全抵消其在支付系统中的多边头寸（$INT_i = -MB_i$）。那么，银行准备金的每日需求以及同业市场资金的净需求都会消失，使得中央银行无法控制货币市场利率。

当然，上述情景是一种极限情况，但在当前，前文所述的一些因素正促使制度框架朝着这一方向变化。同样，通过利用同步性原则，混合系统的引入极大地提高了日间支付管理的效率[11]：通过降低（日间）流动性成本，这一系统还会降低延迟支付的激励；反过来，这也提高了银行对其支付系统中头寸信息的可获得性，从而降低了日末总体头寸的不确定性。银行同步其支付指令的某些进一步努力——可能是由于中央银行的协调作用——可能也有助于限制日末来账和往账支付流的随机性。结合中央银行对日间流动性的规定，这些因素减少了日末对中央银行货币的正需求。银行间市场效率的提高也有着相同的作用，因为它使银行可以通过市场交易很容易地抵消“最后时刻”的支付。

试想，如果为了结算目的中央银行货币的日末需求为零，只有日间需求存在，那么会发生什么情况。中央银行货币还能保持其控制货币市场利率的能力吗？

这一问题的答案依赖于中央银行对银行设置最低准备金要求（MRR）的权力：这是一种“强制”使中央银行货币需求为正的方法。目前，许多国家都使用了这一工具，例如美国和欧元区——尽管不是所有的国家（例如英国没有 MRR[12] 的要求）。在这些国家，MRR 是与“平均”便利一起实施的：按占上一期存款的比率计算，只需在中央银行每日余额的平均值（以整个“维持期”计算）必须（至少）等于最小值[13]。

为了说明货币政策在这一框架下是如何起作用的，我们假设用于结算目的的中央银行货币的日末需求为 0（$\overline{R}=0$）；另一方面，监管要求银行在中央银行的账户余额在整个维持期（为简化起见，将其设置为 2 天）的均值等于 MRR。现在，代表性银行面临的优化问题如下：

$$\min_{R_i^D} L_2 = \frac{1}{2}(R_1^D - MRR)^2 + \alpha[R_1^D i_1 + R_2^D E_1(i_2)]$$

$$s.t.\ \frac{1}{2}(R_1^D + R_2^D) = MRR$$

其中，R_1^D 为第 $i(i=1,2)$ 天的银行准备金需求，i_1 为当前隔夜利率水平，$E_1(i_2)$ 为当日对明日利率的期望水平。在 L_2（正如在 L_1）中，第一项为准备金与其目标值偏离程度的（二次）函数[14]，第二项为准备金的机会成本；α 是第二项目标的（相对）权重。一阶条件导致：

$$R_1^D = MRR + \alpha[E_1(i_2) - i_1]$$

其中，R_2^D 由约束条件决定。图 8.4 展示了银行准备金的上述需求；其弹性依赖于银行参与所谓跨期套利的偏好（α）：平均性便利允许银行用当日准备金替代次日准备金，作为对隔夜利率预期波动的反映。[15] 例如，如果 $E_1(i_2) > i_1$，银行可以从当日在同业市场借入资金而获得利润——这提高了 R_1^D，并在次日做相反操作。通过控制银行准备金

(R^s)，中央银行仍然能够将货币市场利率控制在意愿水平（i^*）。

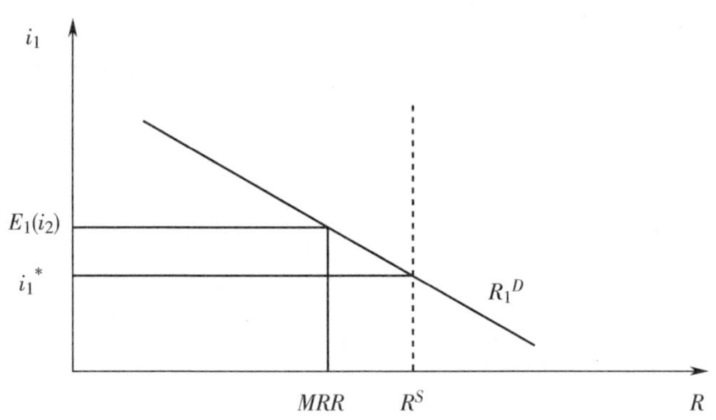

图 8.4　使用 *MRR* 和平均便利的货币市场均衡

MRR 是一种经典的货币控制工具，它为前面的问题（在日末没有中央银行货币需求的情况下如何实施货币政策）提供了与中央银行传统相一致的答案。一个全新的视角依赖于控制比隔夜时间更短（例如一小时，或者一分钟）的利率的可能性。用这种方式，货币政策将跟随当前商业银行的趋势——强调日间流动性管理。对于理论和实践来说，这是一个有待探索的挑战[16]。

最后，我们在这里讨论了货币政策的实施，探讨了中央银行货币需求只在日间存在，而日末为零的情况。试图弄清楚在完全没有中央银行货币的情况下货币政策可能呈现的样子也是饶有趣味的：这一问题由本书中 S. W. Schmitz 的论文所提出。在查阅了文献中不同的建议后，他对这种极端情况下当前中央银行可选择的工具是如何受到影响的做了深入分析。事实证明，如果实施了最低准备金要求（以最终结算媒介形式），中央银行仍然能够有效地管理货币政策。法律框架业已存在，所以不需要新的规定：中央银行确实有设置 *MRR* 的监管权力。

8.5　总结

20 世纪 90 年代，结算系统的组织发生了本质改变，导致 RTGS 和

MNS 系统的融合——在风险和流动性成本上。由于支付指令的同步性，混合系统的采用使得风险和流动性的权衡有所改善。

日间流动性水平的管理变得越来越重要。特别是银行间发送支付指令的时间选择产生了一个协调问题：为了将流动性负担转嫁给其他银行，每个银行都能通过延迟其对外支付获得个体利益；同时，为了提高支付系统中每个银行全部头寸信息的可获得性，对支付指令的预期存在集体利益。这一“日间流动性博弈”可能导致社会无效率的后果。中央银行试图实现有效率的均衡，在协调银行行动中起到重要的作用。

当前混合系统的趋势可以降低延迟支付的动机，以及每个银行日终流动性头寸的不确定性。这反过来可能降低以中央银行货币形式存在的银行准备金的日末需求。传统货币政策的实施依赖于对中央银行货币的正需求，这种演进对于货币政策实施来说是一个挑战。一种解决方法是实行最低准备金要求，许多国家采取该方法。

参考文献

Baglioni, A. and Hamaui, R. (2003) “The choice among interbank settlement systems: the European experience”, *Economic Notes*, 32: 67 – 100.

Bank of England (2004a): *Reform of the Bank of England's Operations in the Sterling Money Markets*, Consultative paper (May), London: Bank of England.

Bank of England (2004b): *Reform of the Bank of England's Operations in the Sterling Money Markets*, news release (22 July), London: Bank of England.

Bech, M. and Garratt, R. (2003) “The intraday liquidity management game”, *Journal of Economic Theory*, 109: 198 – 219.

BIS (1990) *Minimum Standards for the Design and Operation of Cross – Border and Multi – Currency Netting and Settlement Schemes*, Basel: Bank for International Settlements.

Freixas, X. and Parigi, B. (1998) “Contagion and efficiency in gross and net interbank payment systems", *Journal of Financial Intermediation*, 7: 3 – 31.

Holthausen, C. and Ronde, T. (2000) "Regulating access to international large value payment systems", European Central Bank Working Paper No. 22, Frankfurt/Main.

Kahn, C. and Roberts, W. (1998): "Payment system settlement and bank incentives", *Review of Financial Studies*, 11: 845 – 70.

McAndrews, J. and Rajan, S. (2000) "The timing and funding of Fedwire funds transfers", *FRBNY Economic Policy Review* (July): 17 – 28.

注释

1 我要感谢奥地利科学院项目讨论会的所有参与者，感谢 Vienna（2004 年 6 月）非常有用的讨论。

2 TARGET 是一个实时全额结算系统，处理欧洲的大额支付；它由欧洲中央银行体系管理。BI – Rel（BI 是指意大利银行）是 TARGET 中意大利的部分，RTGS – plus 是德国的，TBF（法兰西银行转账）是法国的。Euro1 是一个私营的净额结算系统，由 EBA 清算公司负责运营。PNS（巴黎净额结算系统）是一个混合系统，由 CRI（银行同业监管中心）负责运营。Fedwire 是美国的主要结算系统（RTGS），由美联储负责运营。CHIPS（清算所同业支付系统）是一个私营系统：它是美国处理跨境和外汇交易的主要系统，2001 年它成为一个混合系统，而此前它是一个净额系统。

3 参见 Freixas 和 Parigi（1998）、Kahn 和 Roberts（1998）、Holthausen 和 Ronde（2000）。

4 参见 Bech 和 Garratt（2003）。

5 参见 BIS（1990），引入了所谓的 Lamfalussy 标准。

6 事实上，日间信贷便利的使用受制于可用的抵押品。这一要求的成本可以看作是证券组合管理的约束，可能使银行承受机会成本（放弃了资金更好的其他用途）。只要在正常情况下银行持有大量证券组合，这一成本就是很低的。

7 按年利率计算，适用利率为 36 个基点。

8 参见 McAndrews 和 Rajan（2000）。

9 由于不存在跨币种轧差，汇率的波动不会影响这一过程。

10 α 的值趋近于零意味着第一个目标在损失函数中占优，相反高 α 值意味着其不占优势。

11 下列数据可以粗略地反映出混合系统对每日支付中日间流动性需求的影响。在传统的 RTGS 系统中，日间流动性使用占每日支付处理金额的比值大约为 3%（例如在“旧的” BI - Rel 系统中），而在混合系统中，这一比率低至 0.2% ~ 0.4%（分别为 CHIPS 和 PNS 中预存资金占每日支付金额的比率）。

12 然而，最近英格兰银行宣布了对其运行框架的改革，导致在维持期内平均持有的自愿有偿准备金的引入。与英格兰银行干预货币市场的新特点结合起来，这项改革有助于减少隔夜利率的波动，使其保持在与货币目标利率一致的水平（例如由中央银行货币委员会设定的回购利率）。参见英格兰银行（2004a，b）。

13 具体的框架因国家而异。在美国，维持期为两周，但在欧元区其长度是可变的（大约为一个月）。

14 可以注意到，事实上只有 R_1^D 会偏离 MRR：相反，一旦 R_1^D 确定，R_2^D 由约束条件决定。在一个更接近现实的环境下，维持期长度大于 2 的设置中，所有在 T - 1 前的每日准备金水平都可能偏离所要求的水平。在 ECB 的运行框架下，准备金账户于维持期最后一日有赤字（盈余）的银行可能会被强制要求从中央银行那里以惩罚性的利率借入（存入）资金（即边际常备便利的利率：主要再融资操作的最低利率 ±1%）。

15 可以注意到，准备金的需求弹性随着 α 的增加而增加：图 8.4 中，R_1^D 线的斜率为 $-1/\alpha$。在极端情况下，当 α 趋近于无穷时，需求曲线是平坦的，这导致“鞅”属性：$i_1 = E_1(i_2)$。相反，如果 $\alpha = 0$，需求曲线是一条值为 MRR 的垂直线。

16 但请记住，一些中央银行——例如美联储——已经对其日间信贷便利定价，尽管这一价格并非作为货币政策利率。

译后记

在社会商品经济发展过程中，支付结算问题与货币问题一道由来已久。自以中央银行和商业银行为核心的现代金融体系建立以来，支付结算系统已成为重要的金融基础设施，成为使金融血液流转经济肌体的血管系统。在2016年之前的十多年里，全球支付体系出现了显著的制度变迁和技术创新。在批发支付系统方面，全球主要的大额支付系统陆续转向实时全额系统以规避信用风险，并进而引入了各种流动性节约机制和混合系统模式以缓解流动性风险；在零售支付系统方面，各种新兴支付技术、支付工具、支付模式、支付组织，乃至不同的记账技术层出不穷，方兴未艾。这些制度变迁和技术创新从各个方面影响着货币经济的运行。例如，各种非现金支付工具和替代性支付模式的兴起对货币结构、货币流通速度和货币需求的影响；银行间支付系统变革对商业银行结算风险暴露和流动性需求的影响；新兴的数字加密货币所带来的分布式记账技术对金融系统的影响。作为货币体系和支付体系的监管者，中央银行在风险管理、流动性供给、市场准入和竞争规制等方面也深深地参与到这一变革之中。显然，这种相互渗透会对中央银行货币政策的实施及其效果产生重要影响，而货币政策的制定也必须考虑支付体系的制度变迁。可惜的是，传统货币经济学长期忽略了支付体系的作用，没有将其整合到标准的货币经济学模型框架之中，从而也就无法深入探索支付经济的本质特征，无法在支付体系与货币政策之间架起沟通的桥梁。《支付体系的制度变迁与货币政策》这本书正是货币经济学家们在这方面的新思考。学者们从多个方面探讨了支付体系制度变迁的动力与路径，尤其是这些制度变迁对货币政策的影响。这些研究为相关领域的深入探索提供了重要的基础。

译后记

作为支付经济学的专业研究团队，我们一直致力于支付经济学文献的整理和编译工作，以期能在现代金融支付领域蓬勃发展的大背景下，为相关的应用问题和政策问题提供更多的理论支持。因此，我们决定翻译本书并将其纳入支付结算系列丛书之中，希望能借此推动国内学术界对这一领域的关注。

本书的翻译是西南财经大学中国支付体系研究中心支付体系创新团队集体协作的结果：其中，韩延明负责第 1 章和第 2 章的翻译，邱甲贤负责第 5 章和第 6 章的翻译，梅捷频和文景然负责第 7 章和第 8 章的翻译，童牧负责其余章节的翻译工作，童牧和韩延明还负责了全书的校对工作。本书的翻译出版还要感谢中国金融出版社黄海清编辑的辛苦工作，同时感谢田海山主任为本书中文版作序。当然我们要为本书中可能出现的翻译差错负责，同时也希望读者能向我们反馈这些不足之处。

本书的翻译和出版得到了国家自然科学基金项目（71473201，71603031）、中央高校基本科研业务费专项资金创新团队建设项目（JBK130503）以及西南财经大学重大基础理论研究项目（JBK141114）的资助。

译者

2016 年秋于成都光华园